Transportar é Preciso!
Uma proposta liberal

Conselho Acadêmico da LVM

Adriano de Carvalho Paranaiba
Instituto Federal de Educação, Ciência e Tecnologia de Goiás (IFG)

Alberto Oliva
Universidade Federal do Rio de Janeiro (UFRJ)

André Luiz Santa Cruz Ramos
Centro Universitário IESB

Dennys Garcia Xavier
Universidade Federal de Uberlândia (UFU)

Fabio Barbieri
Universidade de São Paulo (USP)

Marcus Paulo Rycembel Boeira
Universidade Federal do Rio Grande do Sul (UFRGS)

Mariana Piaia Abreu
Universidade Presbiteriana Mackenzie

Paulo Emílio Vauthier Borges de Macedo
Universidade do Estado do Rio de Janeiro (UERJ)

Ubiratan Jorge Iorio
Universidade do Estado do Rio de Janeiro (UERJ)

Vladimir Fernandes Maciel
Universidade Presbiteriana Mackenzie

Adriano Paranaíba
Eliezé Bulhões

Transportar é Preciso!

Uma proposta liberal

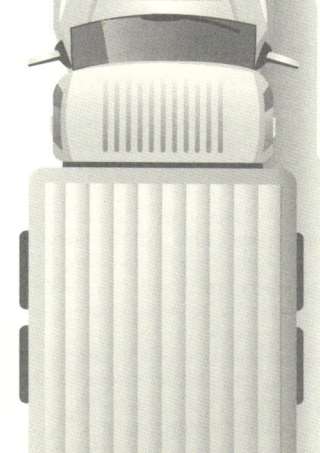

LVM
EDITORA

São Paulo | 2019

Impresso no Brasil, 2019
Copyright © 2019 Adriano de C. Paranaiba & Eliezé Bulhões de Carvalho

Os direitos desta edição pertencem à
LVM Editora
Rua Leopoldo Couto de Magalhães Júnior, 1098, Cj. 46
04.542-001. São Paulo, SP, Brasil
Telefax: 55 (11) 3704-3782
contato@lvmeditora.com.br · www.lvmeditora.com.br

Editor Responsável | Alex Catharino
Revisão ortográfica e gramatical | Larissa Bernardi
Revisão final | Alex Catharino
Elaboração de índice remissivo e onomástico | Larissa Bernardi
Produção editorial | Alex Catharino & Fabiano Aranda
Projeto de capa, projeto gráfico, diagramação e editoração | João Marcelo Ribeiro Soares
Imagem da capa | freepik
Pré-impressão e impressão | Rettec

Dados Internacionais de Catalogação na Publicação (CIP)
Angélica Ilacqua CRB-8/7057

P242t

Paranaiba, Adriano de Carvalho
    Transportar é preciso! : uma proposta liberal / Adriano Paranaiba, Eliezé Bulhões ; prefácio de Ubiratan Jorge Iorio. — São Paulo : LVM Editora, 2019.
    192 p.

Bibliografia
ISBN: 978-85-93751-79-0

1. Ciências sociais 2. Economia 3. Política pública 4. Transporte 5. Mobilidade urbana 6. Liberalismo I. Título II. Bulhões, Eliezé III. Iorio, Ubiratan Jorge

19-0796   CDD 341.756

Índices para catálogo sistemático:
1. Transportes 341.756

Reservados todos os direitos desta obra.
Proibida toda e qualquer reprodução integral desta edição por qualquer meio ou forma, seja eletrônica ou mecânica, fotocópia, gravação ou qualquer outro meio de reprodução sem permissão expressa do editor.
A reprodução parcial é permitida, desde que citada a fonte.

Esta editora empenhou-se em contatar os responsáveis pelos direitos autorais de todas as imagens e de outros materiais utilizados neste livro.
Se porventura for constatada a omissão involuntária na identificação de algum deles, dispomo-nos a efetuar, futuramente, os possíveis acertos.

Sumário

Prefácio 9

Agradecimentos 17

Apresentação 21

CAPÍTULO I
UM ABISMO NOS TRANSPORTES:
PLANEJAMENTO VS. EXECUÇÃO 27
1. O emblemático caso das obras para a Copa do Mundo 2014 ... 27
2. Vamos comparar, mas com quem? 29
3. Do lado de cá: Como é a tomada de decisão de investimentos feita pelo governo brasileiro? 31
4. Do lado de lá: Como é a tomada de decisão de investimentos feita pelo governo australiano? 34
5. Do lado de cá: Como é a atração de investimentos privados no Brasil? 36
6. Do lado de lá: Como é a atração de investimentos privados na Austrália? 38
7. Quais as lições que temos? 39

CAPÍTULO II
RODOVIAS: HISTÓRIA NACIONALISTA
E AS PRIVATIZAÇÕES 41
1. Rodovias como núcleo estratégico: Governar é criar slogans! ... 41
2. A história do slogan roubado 43

3. Um Salto no Abismo!... 44
4. Cinquenta anos em Cinco 45
5. A era dos Planos 46
6. "É preciso fazer o bolo crescer, para depois dividir"............... 48
7. Privatizações ou concessões?... 50
8. Como funciona uma concessão de rodovia?.............................. 51
9. Problemas das concessões rodoviárias 52
10. Diagnóstico e soluções para as rodovias brasileiras 54

CAPÍTULO III
CRIANDO HIDROVIAS NO BRASIL:
POR QUE NÃO UMA CONCESSÃO?............................... 59

1. A Atual Forma de Avaliar a Viabilidade dos Investimentos Hidroviários no Brasil.. 61
2. Mas o que é essa tal de Teoria das Opções Reais...................62
3. Existem tipos de Opções Reais? 63
4. Dos modelos das Opções Reais.. 64
5. E na prática? A Flexibilidade Gerencial em um Projeto de Investimento Governamental 66
6. O processo de escolha do Tipo de Opção para o setor público 67
7. E a proposta de um novo modelo de avaliação dos investimentos 69
8. Conclusão 72

CAPÍTULO IV
O PROBLEMA QUE BATE À PORTA:
MOBILIDADE URBANA 73

1. Seria a falta de recursos financeiros o problema da mobilidade urbana no Brasil? 78
2. Receitas não operacionais 81
3. Galerias Técnicas 82
4. Considerações finais... 84

CAPÍTULO V
O QUE FOI FEITO COM AS FERROVIAS BRASILEIRAS E O QUE NÃO FOI FEITO NO SETOR AÉREO 85

1. O irmão mais velho: Evolução histórica das ferrovias 86
2. Evolução das ferrovias no Brasil: Perspectiva econômica 92
3. Considerações sobre as ferrovias 97
4. O irmão mais novo: Aviação Civil no Brasil 99
6. O mercado de Aviação Civil 105
7. Ferroviário vs Aeroviário: Quem é o filho pródigo? 107

CAPÍTULO VI
ESPECIAL: O QUE PODE SER FEITO COM OS CAMINHONEIROS? 109

1. Quem são os caminhoneiros? 109
2. Mas se o custo é elevado porque a frota é velha, não é só renovar a frota? 111
3. A Lei nº 12.619/2012 – Lei do motorista profissional 112
4. Mas então, qual a solução para reduzir este prejuízo? 113
5. Qual seria a solução para reduzir o prejuízo pela ineficiência? 116
6. Conclusões 119

Referências Bibliográficas 121

Índice Remissivo e Onomástico 129

Prefácio

Honrado pelo convite do professor Adriano Paranaíba e da LVM Editora para prefaciar esta obra, início enfatizando uma de suas principais mensagens – a começar pelo título bastante sugestivo –, a de que o estudo dos transportes significa bem mais do que uma simples especialidade no universo do mundo acadêmico. De fato, embora Economia dos Transportes (ou algum outro título semelhante) seja uma disciplina ou um campo de estudo específico, sua importância não se restringe ao setor de transportes, mas a cada um de nós, dado que todos, sem exceção e em alguma medida, dependemos desse sistema. Desde a moradora do subúrbio de uma grande cidade, que gasta três ou quatro horas para ir e voltar do seu local de trabalho, passando pelo produtor e exportador de soja, que precisa escoar sua produção até o porto e pelos usuários dos voos domésticos, espremidos pela falta de competição que caracteriza esse setor.

O título do livro, uma coletânea de seis artigos escritos ao longo dos últimos anos pelos professores Adriano Paranaíba e Eliezé Bulhões – Transportar é Preciso! Uma análise liberal sobre os desafios dos transportes no Brasil – a par de feliz e insinuante, representa um desafio a todos os que se preocupam com o presente e o futuro de um Brasil que desejam ver finalmente desabrochar e transformar seu enorme potencial em realidade palpável.

"Navegar é preciso, viver não é preciso", tradução modificada do latim Navigare necesse; vivere non est necesse (ao pé da letra, navegar é necessário, viver não é necessário), como Parnaíba explica logo na apresentação, é uma famosa frase do general romano Pompeu – Gnaeus Pompeius Magnus (106-48 a. C.) –, que a teria dito no século I a.C., de acordo com o historiador e filósofo grego Plutarco – Lucius Mestrius Plutarchus (46-120) –, para encorajar marinheiros recalcitrantes diante dos perigos que teriam

Transportar é Preciso!

que enfrentar ao transportarem o trigo da Sicília para Roma e que, ainda, segundo vários autores, teria sido o lema da escola de navegação supostamente criada pelo infante Dom Henrique de Avis (1394-1460), o Duque de Viseu – há controvérsias sobre a existência da escola –, na região de Sagres, no Algarve, em Portugal, no século XV. Essa divisa é tão intrigante que o poeta Fernando Pessoa (1888-1935) a escolheu para título do famoso poema em que sugere que não se deve viver com egoísmo, mas sim para os demais, para a sociedade, o país e o mundo:

Navegar é preciso
Navegadores antigos tinham uma frase gloriosa:
"Navegar é preciso; viver não é preciso".
Quero para mim o espírito [d]esta frase,
transformada a forma para a casar como eu sou:
Viver não é necessário; o que é necessário é criar.
Não conto gozar a minha vida; nem em gozá-la penso.
Só quero torná-la grande,
ainda que para isso tenha de ser o meu corpo
e a (minha alma) a lenha desse fogo.
Só quero torná-la de toda a humanidade
ainda que para isso tenha de a perder como minha.
Cada vez mais assim penso.
Cada vez mais ponho da essência anímica
do meu sangue
o propósito impessoal de engrandecer
a pátria e contribuir
para a evolução da humanidade.
É a forma que em mim tomou o misticismo da nossa Raça.

Sem dúvida, a frase é provocante, instigante e curiosa e pode ser interpretada de duas maneiras. A primeira, de percepção mais imediata, é a de que navegar, arriscar-se, empreender, enfim, é 'necessário', no sentido de ser preferível a uma vida de rotina. E a segunda interpreta a palavra 'preciso' como decorrente do fato de ser a arte da navegação uma ciência, o que lhe confere precisão, exatidão, certeza, enquanto que a expressão 'não é preciso' resume que nossas vidas, nossas ações ao longo do tempo, são inexatas, incertas, imprecisas.

Avisam com propriedade os autores na apresentação que "o livro tem por objetivo trazer lucidez para a discussão sobre os transportes do Brasil, considerando o duplo sentido de precisão: apontar os fatos e acontecimentos históricos que nos trouxe até o problema que vivemos hoje para que, de forma assertiva, fique claro identificar as causas do problema brasileiro dos transportes, e; propor saídas, rumos factíveis para alcançar, ou nos aproximar de uma solução".

Vamos agora ao ponto principal. Sendo a navegação uma das modalidades de transporte, podemos saltar sem receio de Pompeu a Adriano e de Fernando a Eliezé, para assim chegarmos aos temas tratados em seu Transportar é preciso.

O presidente Washington Luís Pereira de Sousa (1869-1957), conhecido como "o paulista de Macaé", ao inaugurar a primeira rodovia asfaltada do país, a Rio-Petrópolis, em 25 de agosto de 1928, disse que "governar é abrir estradas". É evidente que ele sabia que a arte de governar está longe de se restringir a isso, mas, ao escolher essa frase como o lema de seu governo, tinha plena ciência e consciência da importância que o sistema de transportes tem para o desenvolvimento (ou o atraso) da economia.

Pelo que depreendi da leitura dessa interessante obra, esse foi o espírito que levou Parnaíba e Bulhões a escrevê-la, ao enfatizarem a enorme importância do transporte e nortearem o livro para apontar o que precisa ser feito no plano dos transportes para contribuir para o desenvolvimento da economia brasileira.

Enfeixa a obra seis capítulos. No primeiro, valendo-se do exemplo da Copa do Mundo FIFA no Brasil de 2014 e de uma comparação entre investimentos em transportes na Austrália e no Brasil, os autores revelam o abismo que existe em nosso país entre planejamento e execução do que se planeja e ao qual o setor de transportes não escapa.

Prefácio

No caso da Copa, o governo – então do Partido dos Trabalhadores (PT) – disponibilizou 20 bilhões de reais para investimentos em 24 cidades, valendo-se do argumento de que o evento seria uma oportunidade de melhorar e modernizar a infraestrutura. Mas quando o árbitro deu o apito inicial da partida de abertura, a maior parte das obras estava inacabada e foram inauguradas às pressas, já que se tratava de ano de eleições. Quando o italiano Nicola Rizzoli fez soar o último apito da final que consagrou a Alemanha, simplesmente 23 obras da Copa do Mundo não estavam prontas. Um ano depois – e apenas para ficarmos com um exemplo, a metade dos 12 aeroportos ainda estavam em obra e um projeto foi abandonado. Em resumo, tivemos sete anos para nos prepararmos e como tudo foi feito às carreiras, com decisões políticas e eleitoreiras, sem obedecer aos critérios da boa engenharia, de planejamento, de gestão e de execução, o fracasso resultante foi colossal.

Da comparação com a Austrália, emergem constatações gritantes: a 'moléstia dos planos anunciados' e cuja execução é sempre postergada; a ausência de regras claras; a burocracia; o risco dos investimentos sob o ponto de vista privado; a centralização por parte do Estado. Tudo isso dá razão ao que dizia Roberto Campos (1917-2001), que "planos são fracassos com datas marcadas".

O segundo capítulo retrata a saga das rodovias com todas as suas mazelas em solo tupiniquim, a começar pelo já citado slogan de Washington Luiz, que na verdade é parte de uma frase de um de seus antecessores Afonso Augusto Moreira Pena (1847-1909), que foi um grande incentivador das ferrovias: "Governar é povoar; mas, não se povoa sem se abrir estradas, e de todas as espécies; Governar é, pois, fazer estradas!" que, uma vez que slogans devem ser curtos, adaptou-o para "Governar é povoar". Este capítulo descreve com profundidade a história das rodovias no Brasil, através dos diversos slogans que configuram uma verdadeira mania nacional, como o petróleo é nosso, um salto para a frente, cinquenta anos em cinco e a enxurrada de planos que inundaram o país entre as décadas de 1960 e 1980, todos contemplando o rodoviarismo: Plano Trienal, de 1962; Plano Nacional de Viação, de 1964; PAEG (Programa de Ação Econômica do Governo), de 1964; Programa Estratégico de Desenvolvimento (PED),

Ubiratan Jorge Iorio

de 1968; Plano de Integração Nacional (PIN), de 1970; I Plano Nacional de Desenvolvimento, de 1972; II Plano Nacional de Desenvolvimento, de 1975; e III Plano Nacional de Desenvolvimento, de 1980. Analisam em seguida os autores a questão da concessão de rodovias e os seus problemas e encerram o capítulo com um interessante diagnóstico seguido da devida terapia aconselhável.

O terceiro capítulo aborda as hidrovias no Brasil. Um dos próceres do liberalismo no Brasil do século XX foi o professor Eugênio Gudin (1886-1986), que sempre defendeu a eficiência relativa do transporte hidroviário e de cabotagem, assim como o transporte ferroviário, pelas dimensões continentais do país, que possui mais de quatro mil quilômetros navegáveis na costa atlântica e milhares de quilômetros de rios. É, de fato, uma pena que, sendo as hidrovias reconhecidamente muito úteis, principalmente no transporte de cargas de tonelagem a grandes distâncias, nosso sistema ainda seja tão precário quanto na década de 1930, quando Gudin começou a escrever sobre o assunto. Por que o transporte hidroviário, que é bem mais barato comparativamente ao rodoviário e ferroviário, tanto em termos de custos, de capacidade de carga e também de menor impacto ambiental, tem sido negligenciado?

Paranaíba e Bulhões sugerem que a Teoria das Opções Reais é uma alternativa a ser considerada pelo governo para avaliar os projetos para o setor e aumentar sua atratividade para a participação do setor privado. E propõem que, ao levar em conta esse elemento nos estudos de viabilidade para o setor hidroviário, o governo pode aumentar a eficiência dos recursos orçamentários aplicados na infraestrutura de transportes, e mostram os benefícios de uma eventual carteira de projetos a serem executados em um horizonte temporal mais amplo e que contemple, pela própria natureza do conceito de opções, as incertezas e as expectativas de produção agrícola e mineral, que são os utilizadores potenciais mais importantes do transporte fluvial.

O capítulo seguinte discute a mobilidade urbana, outro grande problema em nosso país, em que o pedestre é tratado com desdém, pois a atenção dos governos é invariavelmente direcionada, primeiro, para os projetos de engenharia viária para veículos e depois para o transporte público. Projetos para melhorar a circulação dos pedestres e aumentar a integração entre diferentes modos de transporte são raríssimos. Discutem os autores também as medidas que podem ser tomadas para melhorar a qualidade das condições de circulação dos pedestres, tendo em vista a sua segurança.

Diante desse quadro, sugerem que os investimentos e a gestão por parceiros privados podem se demonstrar menos suscetíveis aos riscos de logrolling (troca de favores) e do rent-seeking (busca de renda, a obtenção de renda econômica) pela manipulação política, uma vez que bons retornos financeiros só serão possíveis caso os investimentos sejam bem-sucedidos. E finalizam incentivando a procura por novas fontes de renda, sem que sejam tarifas e impostos, por meio de receitas acessórias, implantação de galerias e ganho de valor de propriedades.

O capítulo seguinte é sobre as ferrovias e o setor aéreo, que começa com a discussão da evolução histórica das ferrovias, sua atual perspectiva econômica e seus problemas passados e presentes e em seguida passa a um histórico de nossa aviação civil, aos seus problemas com o excesso de regulamentações e às características desse mercado. E formula uma questão relevante, que é a de em qual grau o Estado brasileiro permitirá a modernização necessária do setor contínua sem interferir, proporcionando assim ganhos para os consumidores pela efetiva competição e pela valorização do empreendedorismo das empresas aéreas.

Paranaíba e Bulhões encerram esse quinto capítulo com uma pergunta interessante: Quem é o "filho pródigo", o setor ferroviário, bem mais antigo, ou o aeroviário? Sua resposta é que, embora ambos tenham recebido atenção governamental na década de 1990, o primeiro foi absorvido por uma empresa estatal – VALEC –, enquanto o segundo, mesmo sufocado pela forte regulamentação, apresentou uma lógica de mercado. Um mínimo de abertura no mercado de aviação civil conseguiu proporcionar um forte crescimento, ao passo que o setor ferroviário, imobilizado pela mão pesada e ineficiente do Estado, teve seu crescimento limitado a exíguos quilômetros por ano.

Por fim, no sexto capítulo, os autores discorrem sobre o que pode ser feito com os caminhoneiros, que em maio de 2018 fizeram uma grande paralisação que causou problemas em todo o

Ubiratan Jorge Iorio

país, mas que conseguiram fazer com que sua atividade deixasse de ser ignorada pelas autoridades. Após uma discussão técnica sobre o setor, apontam como causas para a baixa remuneração desses profissionais a ineficiência da sua atividade, ao mesmo tempo em que alertam para que o tabelamento do custo do frete, além de não ser eficaz para reduzir os custos de transporte, serve apenas para proteger um mercado ineficiente que repassa essa ineficiência na forma de repasses de seus elevados custos a toda a estrutura de capital da nossa economia.

Levantam, então, a hipótese – que reconhecem ser ainda carente de estudos mais profundos – de que a formação de cooperativas pode colaborar para a solução do problema, embora sob esse regime os cooperados percam vários dos benefícios que a condição de autônomo lhes proporciona.

Recomendo vivamente a leitura de Transportar é Preciso! Uma análise liberal sobre os desafios dos transportes no Brasil. Primeiro, por tratar de temas de enorme relevância; segundo, por desnudar os problemas crônicos, muitos dos quais persistem há séculos; também, por condensar dezenas de argumentos lógicos, tanto na identificação das causas dos problemas, quanto nas soluções propostas, que priorizam o mínimo de intervenção do Estado e o máximo factível de liberdade, empreendedorismo e economia de mercado.

Rio de Janeiro, 19 de fevereiro de 2019
Ubiratan Jorge Iorio

Agradecimentos

Agradecemos nossas famílias que sempre nos apoiaram nos projetos que nos demandam sacrifícios pessoais e familiares.

Aos professores que contribuíram com nossa formação, especialmente os colegas pesquisadores que contribuíram com suas pesquisas e com quem sempre estamos escrevendo juntos: Dr. Abimael de Jesus Barros Costa, MsC. Débora Canongia Furtado, Dr. Marcos Paulo Schlickmann, MsC. Rafael Medeiros Hespanhol e MsC. Bruna Renata Cavalcante de Barros. Destes colegas destacamos a professora MsC. Graziele Araujo Moura que nos presenteou com um capítulo Bônus deste livro sobre o diagnóstico do problema dos caminhoneiros.

Esse trabalho não seria possível sem o apoio do Instituto Ludwig von Mises Brasil (IMB) e a LVM Editora que acreditaram neste livro, especialmente Helio Beltrão, Rodrigo Saraiva Marinho, Luiz Fernando Pedroso, Rafael Rota Dal Molin, e nosso editor Alex Catharino.

Dedicamos este trabalho para todos os brasileiros que querem conhecer melhor sobre a situação dos transportes no Brasil, para nossos alunos e todas as pessoas que contribuem com nosso trabalho, e que, infelizmente não conseguimos transcrever todos os nomes aqui.

Transportar é Preciso!

Uma proposta liberal

Apresentação

"Ok, eu admito. Estamos perdidos" é o que diz o personagem Rodney para King quando avista Hagar, o Horrível, e sua tripulação viking, em uma tirinha da revista em quadrinhos Wizard of Id, publicada em 13 de maio de 2014. A ideia da tirinha é mostrar que o barco de Rodney – vestindo uniforme vermelho e chapéu de duas pontas, tal como Napoleão Bonaparte (1769-1821) – estava muito perdido e que ele, como comandante, finalmente assumia isso, quando a figura mais incerta de se ver aparece: Hagar, o horrível. Hagar é um personagem de outra empresa de 'gibis' e fez nessa tirinha uma 'aparição', e pode ser a mensagem de quão perdido o barco de Rodney está. Outra análise pode ser: Como Hagar é um Viking, povo que viveu na Escandinávia – o extremo norte da Europa na Antiguidade e a era Medieval – o navio de Rodney pode ter ido parar longe demais, definitivamente perdidos: tanto no espaço como no tempo!

Após uma semana que entrará para a história brasileira como "A semana em que o Brasil parou", que ocorreu no fim de maio de 2018, podemos perceber pela forma como reagiram as autoridades, especialistas, e até mesmo as pessoas nas redes sociais que, definitivamente, estamos perdidos!

Transportar é Preciso!

Não no sentido de perdidos pela falta de opções, que o fracasso é iminente e só nos resta entregar o corpo às chamas e esperar a morte certa! Nada disso! Digo 'perdidos' na perspectiva de não termos a menor noção de como resolver um problema causado pela decisão dos caminhoneiros em bloquear as estradas brasileiras. O resultado foi um desencadeamento de problemas com sérios desdobramentos econômicos: desabastecimento de alimentos e demais produtos de primeira necessidade nas grandes metrópoles, escassez de combustíveis, incorrendo em alta de preços de inúmeros produtos. As soluções de curtíssimo prazo levaram a problemas maiores ainda: mudanças nos preços de fretes, impactou especialmente o agronegócio com elevação de custos em contratos já celebrados; fiscalização nos preços dos combustíveis, nos trouxe o fantasma do tabelamento de preços, que em décadas passadas, revelou-se extremamente prejudicial à economia.

É paradoxal que um país continental como o Brasil tenha 'despertado' para a problemática dos transportes, após mais de 500 anos do descobrimento e de 100 anos após a Proclamação da República. As dimensões da nação, e distâncias subnacionais dos elos produtivos, tornam imprescindível um esforço para definir a questão dos transportes. Não adianta no meio de uma greve de caminhoneiros clamar por uma multimodalidade de transportes que nunca pensamos, ou twittar: "é só construir ferrovias!". Querer resolver esse tipo de problema com reuniões em gabinetes e medidas provisórias é algo incerto e deflagra que a intenção não é resolver o problema, mas, 'rolar' o problema até que caia na mão de outro governante, ou com o tempo, seja amenizado por outros interesses da população.

1. Minha inclinação ao estudo dos transportes

Meu interesse em estudar os transportes surgiu logo após a conclusão do meu mestrado, que fiz em um Programa de Pós-Graduação em Agronegócios, na linha de competitividade agroindustrial, discutindo incentivos fiscais. Certo dia, uma delegação de executivos do Porto de Rotterdam e diretores de complexos industriais, instalados neste porto, vieram para uma visita técnica e realização de rodadas de negócios em Goiás. Na época eu trabalhava em um Instituto de pesquisas econômicas de Goiás e fui convidado pela Acieg (Associação Comercial, Industrial e de Serviços do Estado de Goiás) para organizar uma apresentação aos 'gringos' sobre a economia goiana – "Venda Goiás!", foi o que disseram. Nosso grupo fez uma apresentação que deixou o pessoal muito empolgado com uma economia que crescia, mesmo em um cenário de crise. Contudo, duas perguntas me deixaram desconcertado:

1ª Pergunta:
Ok, vocês têm muitas rodovias, mas e a logística?

2ª Pergunta:
Afinal de contas, o que é um Porto Seco?

A primeira pergunta foi um tiro fulminante, a segunda seria mais fácil se me perguntassem qual o gosto que jaca tem. De fato, questões logísticas nunca foram prioridades para nenhum governo brasileiro, muitos acreditaram que bastava construir estradas – logística no Brasil nos remete as empresas de caminhões que fazem serviços de 'logística'.

Já a segunda pergunta era um questionamento sobre o que faz a empresa Porto Seco Centro-Oeste S/A: Um terminal alfandegário[1] destinado a movimentação de importações e exportações, localizado em Anápolis, com Estação Aduaneira e todos os serviços próprios (Receita Federal do Brasil; Agência Nacional de Vigilância Sanitária do Ministério da Saúde; e do Ministério da Agricultura, Pecuária e Abastecimento) para o 'desembaraço' aduaneiro ocorrer da melhor forma possível.

Mas para falar a verdade, é um excelente exemplo para explicar a forma como são enfrentados os problemas no Brasil:

---

1 Alfândega e Aduana podem ser tratadas como sinônimos, mas a primeira pode ser tratada como o local onde ocorre o controle da entrada e saída de pessoas e bens; enquanto a segunda, está relacionada à repartição governamental responsável pelo registro, emissão de taxas e impostos relacionados ao comércio exterior.

Apresentação

como o desembaraço e despacho aduaneiro[2] nos portos brasileiros são tão 'embaraçados', optou-se (em vez de resolver esse problema) em construir uma alfândega a exatos 1.042 quilômetros de distância do porto marítimo mais próximo. Mais de mil quilômetros entre os bens que são embarcados e desembarcados, e seus respectivos navios.

Tente imaginar a reação de uma equipe de 28 executivos que trabalham noite e dia para deixar o porto deles o mais integrado possível. O Porto de Rotterdam deixou, há muito tempo, de ser apenas um porto para ser um verdadeiro centro logístico de integração entre modais, armazéns e indústria, e mesmo com toda essa busca de melhorar e inovar a operação, que, após 15 anos como o maior porto do mundo, foi ultrapassado pelos portos de Xangai, Ningbo-Zhoushan (China) e Cingapura, por enquanto.

2. Navigare necesse, vivere non est necesse

O escritor romano Plutarco (46-120) escreveu que o general Pompeu (106-48 a.C.) incentivava seus marinheiros dizendo que "navegar é preciso, viver não é preciso". Luís de Camões (1524-1580), em Os Lusíadas, e Fernando Pessoa (1888-1935), também, usaram essa frase, mas com o objetivo de revelar um duplo sentido: precisar, no sentido de necessidade, e precisão, no sentido de exatidão. O Brasil precisa enfrentar os dois: precisa resolver o problema dos transportes, e precisa rever a forma como enfrenta os desafios dos transportes – sem precisão, vamos ficar cada vez mais longe do futuro que almejamos para o país.

Este livro tem por objetivo trazer lucidez para a discussão sobre os transportes no Brasil, considerando o duplo sentido de precisão: apontar os fatos e acontecimentos históricos que nos trouxeram até o problema que vivemos hoje para que, de forma assertiva, fique claro identificar as causas do problema brasileiro

---

2 O desembaraço envolve a verificação de documentos e dados declarados do exportador, a fim de confirmar que a importação está de acordo com o que determina a legislação. É importante diferenciá-lo do despacho aduaneiro, que consiste em um processo de conferência física e documental das mercadorias.

dos transportes, e; propor saídas, rumos factíveis para alcançar, ou nos aproximar de uma solução.

Para essa tarefa insólita convidei um grande amigo que assim como eu, está na busca por compreender esse país e como ajudá-lo a sair das mazelas em que se encontram as questões de transporte e logística. Dr. Eliezé Bulhões é engenheiro civil de formação, e nossa amizade começou quando dividimos a mesma sala de estudos na Universidade de Brasília durante nosso doutoramento. Uma época difícil, de muitos estudos, mas que, a troca ideias e a angústia de ver o estado do transporte brasileiro, nos convidava à muita discussão (e muito café) e a publicar nossas análises em periódicos científicos de diversos países. Acredito que chegou a hora de organizar nossas ideias em um material direcionado para o público brasileiro que se encontra perdido sobre que caminhos devemos seguir, e acima de tudo, quais são factíveis, e urgentes.

Discutir e propor saídas para o transporte não deve ser entendido como algo de interesse do setor de transportes, mesmo porque, absolutamente, tudo depende de transporte. Acredito que a discussão tem como meta nortear o que precisa ser feito para auxiliar a economia brasileira a tornar-se próspera, contribuindo com o alcance desta prosperidade para todos cidadãos e para que não entre em estagnação, mesmo porque as pedras que não se movem, criam musgos.

Boa Leitura,
Dr. Adriano Paranaíba
Transportar é Preciso!

Capítulo I
Um abismo nos transportes: Planejamento vs. Execução

Em 2013 o economista Mansueto de Almeida publicou um estudo com o título "O paradoxo do investimento público brasileiro"[3] onde chamava a atenção para o baixo nível de execução do investimento público, mesmo existindo disponibilidade de recursos para investimento. O estudo é amplo e avalia o orçamento brasileiro entre os anos de 2004 e 2012, e faz uma avaliação detalhada do Plano Plurianual (PPA) de 2008.

E nos últimos anos, como vai essa conta? Será que isso acontece com os investimentos em Transportes? Podemos continuar colocando a culpa na falta de planejamento e ficar bradando por melhor gestão, sem saber qual é de fato o problema que ocorre na gestão? Neste capítulo vamos abordar esses questionamentos sobre o planejamento dos investimentos em Transportes no Brasil, e propor um comparativo com outras experiências internacionais, mas claro, buscando uma comparação justa para não confundirmos alhos com bugalhos!

1. O emblemático caso das obras para a Copa do Mundo 2014

Um dos casos mais emblemáticos foram as obras para a realização da Copa do Mundo FIFA no Brasil em 2014. O governo federal disponibilizou 20 bilhões de reais usando o argumento de que a

---

3   Publicado como capítulo em: OLIVEIRA, G.; OLIVEIRA FILHO, L.C.; (Orgs). Parcerias Público Privadas Desafios, experiências e propostas. Editora LTC. Rio de Janeiro – RJ.

Transportar é Preciso!

vinda da Copa seria uma oportunidade de ofertar infraestrutura para a população.

Assim, 24 cidades foram alvo de investimentos em infraestrutura em mobilidade, com o PAC 2 Mobilidade Grandes Cidades, entre estas as 12 cidades-sede que tiveram investimentos específicos em 49 obras de mobilidade (que depois foram alteradas para 54 projetos), além dos Estádios, e de 78 médias cidades selecionadas no PAC 2 Mobilidade Médias Cidades.

Em dezembro de 2012, 78% das obras de mobilidade para a Copa do Mundo estavam em andamento, com 10% com a licitação concluída, aguardando o início das obras, 6% em licitação e 6% com projetos ainda em elaboração[4]. Agora vai! A expectativa era que o Brasil se tornasse um país de 1º mundo com o 'legado' que a Copa deixaria!

Mas a obras não iam bem...

Em novembro de 2013 os números eram: oito obras não começaram ou tiveram novo prazo programado; 19 obras em andamento; cinco obras abaixo de 70% da conclusão; duas obras acima de 70% de conclusão; e apenas uma obra concluída. Os problemas eram que, duas obras tinham entrega improvável, e outras cinco não ficariam prontas antes da Copa de 2014. Vejam que aqui estamos falando só das obras de mobilidade urbana que envolvem as cidades-sede da Copa do Mundo.

Quando a bola rolou, em junho de 2014, a grande maioria das obras foram inauguradas incompletas, por exemplo o Estádio da abertura, Arena Corinthians, cujo alvará dos bombeiros foi liberado três dias antes da Copa do Mundo, não teve tempo para realizar testes de capacidade. Quando a bola parou de rolar, no final do evento, 23 obras da Copa do Mundo não estavam prontas.

---

4   Conforme apresentado pela Comissão de Desenvolvimento Urbano da Câmara dos Deputados durante a XIII Conferência das Cidades, nos dias 12 e 13 de dezembro.

Um ano depois, em 2015, o 'Legado da Copa' era o seguinte:
- Seis dos 12 aeroportos ainda estavam em obras e 1 projeto foi abandonado;
- Dos 12 estádios, o Arena Pantanal continua em obras;
- As obras de mobilidade em Manaus (BRT e monotrilho), Fortaleza (VLT), Brasília (VLT), Cuiabá (VLT), Belo Horizonte (Via 710), Curitiba (Corredor Candido Abreu) e Recife (Ramal da Copa e Leste-Oeste) foram – literalmente – abandonadas.

De todas as obras de mobilidade para a Copa, apenas o terminal do porto de passageiros de Mucuripe foi concluído.

Qual pode ser o diagnóstico? Diversos, mas destaco o seguinte: O Brasil teve sete anos para se preparar para a Copa do Mundo de 2014. Contudo, parece que foi feito tudo às pressas, sem responsabilidade com as exigências que obras de engenharia exigem – sejam de planejamento, de gestão ou de execução.

Infelizmente dois viadutos construídos a toque de caixa em Belo Horizonte desabaram matando duas pessoas e deixando 23 feridos. A empresa que construiu a obra colocou a culpa na empresa que projetou, que, por sua vez colocou a culpa na execução. Quem foi o culpado? Talvez, uma combinação sórdida de tempo, pregões que licitam menor preço em detrimento à qualidade, incapacidade de fiscalizar e punir licitados.

2. Vamos comparar, mas com quem?

Existe um número grande de livros, artigos científicos, artigos de opinião, blogs, entrevistas e conversas de botequim que comparam os transportes do Brasil com os de outros países em busca de um modelo que 'deu certo'.

Se temos problemas com o metrô, sempre surgem especialistas comparando com o Tube, sistema de metrô de Londres, ou com o RATP, empresa de transportes parisiense. Se temos falta de ferrovias, a solução é comparar com a malha ferroviária dos EUA.

Transporte de passageiros? A dúvida é se a comparação vai ser com o Japão ou com a Europa – melhor: comparam com os dois! Outra coisa muito interessante são as viagens oficiais que governantes brasileiros gostam de fazer para conhecer as melhores práticas de transportes, empresas e Câmaras de Comércio de outros países. São verdadeiras 'comitivas', que fazem 'tours' para aproveitar o máximo da viagem. Na bagagem de volta, promessas de acordos, sonhos de que 'agora vai!' e muita informação sobre os outros países, iguais aquelas que podemos consultar na internet.

Mas no fundo, sempre achei esses comparativos muito injustos. O continente europeu, por exemplo, possui diversos países menores que o Maranhão, além de muitas riquezas adquiridas nos séculos passados. Fica fácil ser desenvolvido quando por séculos tiveram boa parte da África e Ásia como colônias. Comparar com Inglaterra? Sem chances, foi lá que surgiu a revolução industrial. Então vamos comparar com os Estados Unidos, que foi colônia e tem a data de descobrimento próxima com a do Brasil? Há controvérsias!

A colonização americana teve um ponto chave que diferenciou completamente o perfil de ocupação em relação à terra de Santa Cruz: o espírito do capitalismo. Max Weber (1864-1920) vai descrever em sua obra A Ética Protestante e o Espírito do Capitalismo esse fator que será crucial: Enquanto os protestantes que ocupavam a parte norte das Américas favoreciam o espírito comercial, a América Latina era ocupada por nações católicas que na época rejeitavam a ideia de lucro e trabalho.

A exploração econômica acontecia em todas, mas os colonos eram diferentes: nos EUA um sonho de uma nova vida; no Brasil, uma busca de riquezas para abastecer o império.

Neste sentido, uma colônia que também não foi pensada em uma terra de novos sonhos foi a Austrália. Mesmo sendo uma colonização inglesa, tal qual os EUA, seu processo de colonização começou com a ideia de uma colônia penal em 1788. Coincidências: quando Pedro Álvares Cabral (1467-1520) desembarcou no Brasil, deixou dois prisioneiros nas terras tupiniquins e seguiu viagem para as Índias. Querendo ou não começamos da mesma forma.

A partir de 1850 a Austrália foi destino de aventureiros em busca de minas de ouro, tal qual ocorreu no Brasil, com os Bandeirantes. Dois países continentais, com uma grande área que dificulta a ocupação e implantação de infraestrutura: Deserto na Austrália, Amazônia no Brasil. Economia das duas nações tem como carro chefe exportação de commodities agrícolas (carne e grãos) e minerais. Os índios quase foram dizimados de cá, os aborígenes de lá. Muita fauna, muito calor, tudo igual.

Contudo, algo aconteceu ao longo da história e os dois países vivem realidades distintas hoje em dia: o PIB per capita Australiano é seis vezes maior que o Brasileiro[5]; conforme o Índice de liberdade econômica desenvolvido pela Heritage Foundation, a Austrália ocupa o quinto lugar e o Brasil está na 153ª colocação. Isso diz muito sobre quão diferentes são quando o assunto é prosperidade econômica.

Mas vamos focar no que nos interessa: como são feitos os investimentos e o planejamento do transporte nestes dois países?

3. Do lado de cá: Como é a tomada de decisão de investimentos feita pelo governo brasileiro?

Um dos grandes mitos do Brasil é acreditar que temos um planejamento centralizador. O problema no Brasil é muito pior, e penso que podemos chamar esse problema de Armadilha do Excesso de Planejamento Descentralizado.

No Brasil temos uma hierarquia muito profunda quando falamos em transportes: mesmo tendo um Ministério dos Transportes, uma legião de entes burocráticos está entre a Esplanada dos Ministérios e a obra de infraestrutura que será construída. Muitos podem dizer: "mas com um país continental é preciso existir uma capilarização", mas o problema possui alguns detalhes.

O organograma do Ministério dos Transportes, Portos e Aviação Civil, conforme Decreto nº 9.00/2017, tem em sua estrutura três importantes secretarias nacionais: (i) Aviação Civil, (ii) Transporte Terrestre e Aquaviário, e, (iii) Portos. Tem também uma Secretaria de Integração e outra de Parcerias. Contudo, sob essas secretarias temos 18 Departamentos, sendo boa parte deles de Planejamento, ou seja: temos mais caciques que índios nessa tribo.

---

5 Primeiro trimestre de 2018: Austrália 12.177€; Brasil 2.040€

É possível entender que se o problema fosse só a burocracia seria fácil de resolver essa questão. Mas o que acontece é que temos ilhas de planejamento, altamente descentralizado com o risco de ações conflitantes, levando a projetos que não conversam entre si. E estamos falando apenas do Ministério de Transporte: imaginem o conflito entre outros ministérios que são outras ilhas de planejamento. Muitas vezes uma determinação do Ministério de Meio Ambiente põe por água abaixo uma série de projetos de infraestrutura. As barragens construídas pelo Ministério de Minas e Energia 'esquecem' de fazer eclusas[6] para o transporte aquaviário. O Ministério das Cidades é responsável por planejar a mobilidade urbana e em seus projetos as cidades são como bolhas que se ligam por teletransporte.

A solução é centralizar o planejamento? Claro que não! A saída é que o governo federal deve deixar claro quais são suas metas macro e focar em capilarizar a execução. Menos planejamento pode parecer uma antítese para a solução do planejamento brasileiro.

E o problema se agrava, pois, todos os departamentos envolvidos na hierarquia continuam criando planejamentos generalistas, focados no macro e cheios de subjetividade, criando brechas e embrolhos. Vamos tomar como exemplo o Ministério das Cidades. Foi criada uma instrução normativa (IN nº 41) para determinar como seria a tomada de decisão sobre investimento em mobilidade urbana. Uma série enorme de critérios são exigidos, principalmente da existência de Projeto Diretor de Mobilidade Urbana. Temos dois grandes problemas:

1º) Os critérios estabelecidos para escolha dos projetos de investimento são subjetivos e de difícil classificação para a escolha e priorização das obras;

2º) O item 6.1.1.5, desta mesma Instrução Normativa, considera a possibilidade de seleção em excepcionalidade dispensando o projeto da seleção caso configure proposta de financiamento de empreendimentos de mobilidade urbana

---

6 Eclusas são dispositivos de transposição de barcos entre locais de desnível em rios ou mares.

considerada estruturante e que atendam a Política Nacional de Mobilidade Urbana.

Não é uma crítica somente nossa: O Tribunal de Contas da União (TCU) realizou uma auditoria operacional com o objetivo de avaliar a governança em políticas públicas de mobilidade, relativo ao exercício de 2014, conforme Relatório de Auditoria Operacional, governança em políticas públicas de mobilidade do Tribunal de Contas da União[7]. Os achados desta auditoria foram:

- As metas e os indicadores utilizados pelo governo federal não são capazes de avaliar e medir o progresso e o alcance dos objetivos da Política;

- Os objetivos e diretrizes definidos e declarados pela Política Nacional não estão sendo claramente considerados como critérios de seleção das propostas de intervenção de mobilidade urbana apresentadas ao governo federal por estados e municípios;

- O esforço cooperativo entre as esferas de governo é insuficiente para a adequada implementação da política pública de mobilidade urbana;

- As ações do governo federal não estão alinhadas de modo a priorizar os modos de transporte não motorizados sobre os motorizados, bem como os serviços de transporte público coletivo sobre o transporte individual motorizado.

O que se observou aqui foi que, com um pequeno exemplo do Ministério das Cidades, existe a falta de alinhamento do planejamento. Agora, imagine quando considerarmos todos os Ministérios com suas inúmeras secretarias e incontáveis diretorias planejando o Brasil?

Um outro grande problema, desta descentralização do planejamento é o 'como' planejam. Será que cada uma utiliza uma forma de planejar e tomar suas decisões de como deve acontecer

---

7   TCU (2015) Tribunal de Contas da União. Relatório de auditoria operacional, governança em políticas públicas de mobilidade. TC 020.745/2014-1. TCU. Brasília-DF.

Transportar é Preciso!

o investimento? Infelizmente a resposta é sim. Cada secretaria possui um manual para chamar de seu.

No fundo o que observamos é uma competição: seja em competir no sentido de sobreposição de função, seja no termo literal da busca de mostrar que seu modelo de planejar é melhor que o do outro órgão. Também podemos ver desconexões do planejamento: ciclovias que são interrompidas nas pontes, acessos viários para aeroportos, transbordo ferroviário sem rodovias próximas impedindo a intermodalidade ferroviária.

4. Do lado de lá: Como é a tomada de decisão de investimentos feita pelo governo australiano?

O governo australiano tem um Departamento de Infraestrutura, Desenvolvimento Regional e de Cidades que desenvolve programas de infraestrutura de transportes e o que fica claro é que trata-se de instituição com foco em estratégias, seja do que está planejado para as próximas décadas (o Transporte Australiano já possui planejamento para 2030 com projeções para 2040), sejam estratégias e regras de parcerias de como alcançar aquelas metas.

Existe uma lógica de pensar infraestrutura como 'portfólios': combinação de projetos que possuem resultados melhores do que pensados sozinhos. Outra coisa é que todos projetos são elaborados com 'Planning and Delivery', ou seja: planejamento não é só algo macro, mas até a forma de como essa obra vai ser entregue deve ser planejada.

Todo o governo australiano utiliza o manual Investment Management Standard Guide (IMS Guide) desde 2004, desenvolvido pelo Departamento de Tesouro e Finanças, sendo aplicado para selecionar os projetos de investimentos que ofereçam o máximo de benefícios para a comunidade, utilizando um método de fácil aplicação da tomada de decisão dos investimentos que se pretende avaliar[8].

Para alcançar o objetivo de realizar uma avaliação de investimento de forma plena e simples, o IMS se apoia em três princípios: (i) a melhor forma de discutir um assunto é com a reunião das pessoas com maior conhecimento sobre o assunto; (ii) a lógica do investimento deve ser capaz de ser descrita em uma única palavra; (iii) o investimento deve ser capaz de descrever sua contribuição no benefício que se espera.

O IMS Guide apresenta a tomada de decisão baseada na técnica chamada de "As dezesseis questões" (The 16 questions), que são dezesseis perguntas divididas em quatro áreas relevantes para qualquer tipo de investimento e que podem ser usadas tal qual um check list, quatro questionamentos para cada uma das quatro áreas de análise – (a) problema, (b) benefícios, (c) resposta estratégica e (d) soluções – que auxiliam o tomador de decisões, pois extraem de forma simples a complexidade das informações que um projeto possui.

Sobre a forma da análise da condução da aplicação do "The 16 questions", o Governo Australiano possui uma formação e certificação dos facilitadores, como forma de blindar o processo decisório de uma subjetividade que tire o foco principal do objetivo da avaliação – maximizar os benefícios para todo ambiente: governo, corporações e comunidade. Assim, avalia: (a) se o problema foi identificado; (b) se existem benefícios e sua relevância; (c) se a solução é estratégica, e; (d) se as soluções são efetivas.

---

8 DTF (2012) Department of Treasure and Finance. Investment Management Standard. A guide for Victorian government departments and agencies. The Secretary Department of Treasury and Finance. Melbourne-AU.

5. Do lado de cá: Como é a atração de investimentos privados no Brasil?

O Brasil vive um sério problema de capacidade de atração de investimento privado para infraestrutura de transportes. Boa parte se deve ao fato de uma alta participação das agências de financiamento público oferecerem créditos subsidiados. Isso causa um desinteresse do setor financeiro privado em participar desse mercado, dado a forte participação do governo.

Recentemente, uma tentativa de atrair incentivos foi realizada com a promulgação da Lei 12.431, em 24 de junho de 2011, surgiram novos incentivos ao investimento em títulos privados de renda fixa, com a redução a zero da incidência de Imposto de Renda para investimentos em debêntures simples e cotas de fundos de investimento, bem como "a criação e aperfeiçoamento de Fundos de Infraestrutura (FIP-IE) e flexibilização na legislação que rege debêntures e letras financeiras"[9].

De fato, a motivação parte de uma necessidade de desafogar o BNDES, buscando recursos do setor privado no financiamento do desenvolvimento da infraestrutura do Brasil[10]. Para tanto, a medida provisória n°517/2010 foi convertida na Lei no 12.431/2011, que em seu artigo 2º faz a concessão de incentivos fiscais sobre os rendimentos dos investidores, com destaque para infraestrutura sob a denominação de Debêntures Incentivadas ou de Infraestrutura.

Sendo assim, este incentivo fiscal colabora como uma compensação ao risco do investimento, visto que para pessoa física e investidor estrangeiro para cada R$ 100 milhões investidos em debêntures incentivadas há ganho adicional de R$ 8,6 milhões advindos da isenção de IR (não existe incidência de IR). Mesmo o incentivo não sendo tão grande para a Pessoa Jurídica, em comparação a Pessoa Física e investidor estrangeiro, para cada R$ 100 milhões investidos em debêntures incentivadas, há ganho adicional de R$ 2,8 milhões advindos da isenção de IR (redução de IR para 15%).

Porém, mesmo com a minimização do custo de investimento, convergindo em uma atratividade compensatória ao risco, existem desafios para esta modalidade de captação de recursos: (i) o processo de aprovação não é uniforme entre os Ministérios, incorrendo em aumento de custos em projetos que dependam de vários Ministérios; (ii) projetos de infraestrutura demonstram baixa atratividade, principalmente quando se trata de projeto greenfield. Incertezas na segurança institucional do país vem provocado esse sentimento em investidores; (iii) dificuldade na possibilidade de negociação dos títulos antes de seu vencimento; (iv) falta de liquidez no mercado secundário. Desta forma, o Brasil consegue captar

---

9   WAJNBERG, D. Debêntures de infraestrutura: emissões realizadas e perspectivas. Revista do BNDES, Rio de Janeiro, (41), 331-377. 2014.

10   PASSOS, G. D.; MENDES-DA-SILVA, W. Legislação Específica Para Infraestrutura e P&D Induz Redução do Risco de Debêntures no Brasil. Revista de Finanças Aplicadas. V. 2. p. 1-35. 2014.

recursos das duas piores formas possíveis: empréstimos (diretos ou títulos de dívida) e impostos.

No Brasil existe a CIDE-Combustíveis, Contribuição de Intervenção no Domínio Econômico, regulamentada pela Lei 10.336/2001, que entrou em vigor em janeiro de 2002. O principal objetivo da contribuição prevista na Constituição de 1988 seria, com os recursos arrecadados, financiar o setor de transportes, uma forma de financiar a grande necessidade logística nacional, para promover desenvolvimento econômico. Na forma de lei orçamentária seria destinado para: (i) pagamento de subsídios a preços ou transporte de álcool combustível, de gás natural e seus derivados e de derivados de petróleo; (ii) financiamento de projetos ambientais relacionados com a indústria do petróleo e do gás; e (iii) financiamento de programas de infraestrutura de transporte[11].

Em 2003, a Emenda Constitucional n. 42 determinou que 25% dos recursos da CIDE-Combustíveis fossem transferidos aos Estados e ao Distrito Federal e desse montante 25% fossem repassados para os seus respectivos municípios. Em 2004, o percentual de repasse sobe para 29% conforme Emenda Constitucional n. 44. Desta forma, a CIDE-Combustíveis assumiu um papel importante como fonte de recursos para as municipalidades brasileiras investirem em mobilidade urbana.

Contudo, motivado por políticas macroprudenciais para controle da inflação, a alíquota da CIDE-Combustíveis foi sendo reduzida, a partir de 2008 até ser zerada no ano de 2012. Em 2015, as alíquotas foram restabelecidas, mas, no fundo, o objetivo do governo era salvar o déficit público nacional, que não para de crescer.

6. Do lado de lá: Como é a atração de investimentos privados na Austrália?

Na Austrália existe a Infrastructure Partnerships Australia (IPA) que é um think tank e uma rede executiva independente de políticas públicas, focada na excelência em infraestrutura social e

---

11 DANTAS, K. E. G. A vinculação de receitas pós-constituição federal de 1988 – Rigidez ou Flexibilidade? O caso da CIDE – Combustíveis. Dissertação de Mestrado. Programa de Pós-graduação em Economia do Departamento de Economia. Universidade de Brasília-UnB. Brasília (DF). 2008.

econômica. Na IPA são reunidas as principais organizações públicas e privadas de infraestrutura da Austrália, para moldar a política de infraestrutura do governo com os melhores resultados econômicos e sociais possíveis. Com muito orgulho o IPA divulga no seu website:

Nosso programa de política e pesquisa usa dados do mundo real, nossa profunda exposição de mercado e nossas capacidades internas – para entregar documentos de pesquisa respeitados e contribuir com submissões detalhadas para revisões e consultas do setor governamental. Nossa experiência abrange os setores de transporte, serviços públicos e principais serviços sociais.

Além do mais, uma série de relatórios do desempenho dos investimentos já realizados e seus resultados - financeiros e sociais estão lá, disponíveis para que qualquer pessoa possa acessar o site: previsão de investimentos e resultados da atração de capital são produzidos semestralmente.

Transparência e informação agem sinergicamente no IPA para que a tomada de decisão seja bem assessorada com dados – e isso reduz o risco dos investidores globais. Informações esclarecedoras, baseadas em evidências, confiáveis e relevantes sobre questões relacionadas à infraestrutura para auxiliar o processo de tomada de decisões.

7. Quais as lições que temos?

O Brasil tem uma síndrome de planos: tudo é resolvido com um plano pra isso, outro para aquilo, enquanto a execução é sempre deixada para um segundo, ou terceiro, momento. Especialistas em planejamento que se esquecem de que a execução faz parte do planejamento.

Regras claras também fazem toda a diferença. Uma burocracia extensa torna as regras agulhas no palheiro, mesmo com boa vontade em seguir as normas, este trabalho se torna insalubre para quem o deseja fazer. Para quem deseja investir, a falta de regras claras aumenta, ainda mais, o risco do investimento, sendo difícil acreditar no resultado que se projeta.

Muito investimento, ou gasto, do Governo afugenta capital privado em um fenômeno conhecido por crowding out inibindo o investimento privado, visto que o Governo desloca o real custo da taxa de juros. O setor público brasileiro absorve 60% do fluxo de poupança financeira de nossa economia e as carteiras de investidores institucionais possuem mais títulos públicos que títulos privados[12]. O Governo concorre com o setor privado e, por emitir títulos soberanos, torna qualquer outra tentativa de investimento privado menos interessante.

Uma combinação terrível observamos nos transportes: o Governo não investe, e afugenta investidores oferecendo rendimento melhor em títulos de dívida. Mas se o dinheiro do gasto público não está indo para oferecer infraestrutura, para onde está indo?

---

12 Conforme Nota Técnica 04/2018 CEMEC/Fipe: Investimento e poupança na economia brasileira. 2000-2017.

Capítulo II
Rodovias: História nacionalista e as privatizações

Muito se fala da importância nacional das rodovias, e ao mesmo tempo da dependência que criamos deste modal em detrimento dos demais. Dentro deste universo de discussões, existe um acirramento dos ânimos quanto à retomada de investimentos do governo, ou se o melhor caminho são concessões e privatização das rodovias brasileiras – e esse assunto gera mais polêmica que uma partida de futebol. Todo esse alvoroço começou com o movimento de desregulamentação da economia, em escala mundial, após a década de 1980, e que desencadeou uma série de privatizações em diversos setores. As justificativas estavam na dificuldade dos governos de financiar projetos de infraestrutura que poderiam muito bem ser financiados e administrados pela iniciativa privada. E sobre as rodovias, o que podemos dizer?

1. Rodovias como núcleo estratégico: Governar é criar slogans!

Para falar sobre o financiamento rodoviário, precisamos voltar no tempo para entendermos o histórico, para antes da década de 80, especificamente para 1928. Neste ano, o então presidente Washington Luís (1869-1957) chegava na metade de seu mandato – exercido de 1926 até 1930 – e como presidente conseguiu aumentar as reservas de ouro do país e com isso, fortalecer a moeda nacional e ficou famoso com a célebre frase: "Governar é abrir estradas!". Inaugurou a primeira rodovia asfaltada do Brasil: Rio--Petrópolis e terminou a Rodovia Rio-São Paulo – a primeira a fazer a ligação entre Rio-São Paulo, além de várias estradas ligando São Paulo com outros estados e o Porto de Santos.

Figura 1: Acervo O Globo – 04 de maio de 1928.

Porém, com a crise de 1929, o presidente 'estradeiro' precisou focar os últimos momentos de seu governo em organizar o orçamento público, rompeu com a política café-com-leite e acabou sendo deposto, quando realizou a indicação de Prestes como candidato do governo à presidência.

Bem, ele não era um representante dos caminhoneiros da época, mas desde sua campanha ao governo de São Paulo, em 1920 (e foi governador até 1924), tinha como lema 'governar é abrir estradas'. Outra verdade importante é que, essa frase não era dele, e nem está completa. A frase completa é: "Governar é povoar; mas, não se povoa sem se abrir estradas, e de todas as espécies; governar é, pois, fazer estradas!" de autoria de Afonso

Pena (1874-1909), 6º presidente do Brasil que tinha como lema "Governar é povoar!"

Como o Brasil é o país dos lemas, entre a década de 1940 e 1950 um slogan inflamaria o país em um grande embate, e será um ingrediente importante para a história das rodovias brasileiras que estamos contando aqui.

2. A história do *slogan* roubado

Todo mundo associa o lema mais famoso do Brasil ao presidente Getúlio Vargas (1882-1954): "O Petróleo é nosso!", bem como sua icônica imagem com as mãos molhadas com o 'ouro negro'. Contudo, a paternidade deste slogan não pertence ao Pai dos Pobres. Em 1936, Monteiro Lobato (1882-1948) lançava o livro O Escândalo do Petróleo em que acusava Getúlio Vargas de 'não perfurar e não deixar que se perfure'. O livro é um sucesso, mas Vargas, não gostou nada da publicação, mandou retirar todos os exemplares de circulação, censurando a obra em 1937.

Figura 2: Getúlio Vargas com as mãos sujas de petróleo.

A Campanha 'O petróleo é nosso!' é lançada em 21 de abril de 1948 manifestando contra as posturas de Vargas sobre a definição de quem deveria explorar o petróleo nacional.

Cartazes sobre a defesa do monopólio petrolífero.

Quando retorna à presidência, em 1951, Vargas decreta o monopólio estatal da exploração do petróleo e a Petrobrás, pela força da Lei nº 2.004 de 3 de outubro de 1953, deixando a cargo do Conselho Nacional do Petróleo sua fiscalização.

3. Um Salto no Abismo![13]

Entre os dois governos Getúlio Vargas, o presidente Eurico Gaspar Dutra (1883-1974) apresentou o Plano SALTE propondo desenvolvimento da economia com investimentos nas áreas da Saúde, Alimentação, Transporte e Energia, daí o nome do plano: as iniciais dos setores estratégicos – isso vale mais que um slogan!

Mesmo sendo um plano que quase não saiu do papel, que foi inviabilizado pela alta inflação da época, existe um ponto de análise que é mais uma peça fundamental neste quebra-cabeça da escolha do modal rodoviário no Brasil: os diagnósticos da Missão Cooke, entre 1942 e 1943, da Missão Abbink, em 1948. Esses dois

---

13 "SALTE no abismo" texto crítico ao plano escrito por Eugênio Gudin, no editorial do Correio da Manhã, Rio de Janeiro. 1948.

diagnósticos foram altamente influenciados pela ampla expansão de investimentos nos EUA em rodovias.

Em dezembro de 1945 foi instituído o Fundo Rodoviário Nacional (FRN) que foi responsável pela fonte de recursos para financiamento público em infraestrutura, tendo a expansão rodoviária como carro chefe. O FRN representava aproximadamente 80% da arrecadação do Imposto Único sobre Combustíveis e Lubrificantes Líquidos e Gasosos (IUCL). O Plano SALTE pretendia investir em 22 grandes eixos rodoviários. Foi revisto no Plano Geral de Viação Nacional, em 1951 por Vargas – de volta ao poder – e a nova meta seriam 61 mil quilômetros de rodovias[14].

A falta de sistematização na construção das rodovias brasileiras fica evidente quando observamos que tivemos: construção de rodovias em eixos paralelo às ferrovias e em sentido transversal melhoraram a integração interior-litoral desviando o tráfego ferroviário; eixos paralelos ao litoral desviaram o tráfego da navegação de cabotagem; longas distâncias para acompanhar a expansão agrícola para o oeste brasileiro, em detrimento às ferrovias, que à época a tecnologia permitia transporte de maiores volumes de cargas, ou seja, as rodovias foram construídas não para integrar os modais existentes: elas foram construídas para substituir as ferrovias e navegação de cabotagem.

4. Cinquenta anos em Cinco

Mesmo com uma preferência de investimento em rodovias existindo desde o início da república brasileira, nenhum governante apostou nas rodovias mais do que Juscelino Kubitschek (1902-1976), que governou entre 1956 e 1960. O famoso Plano de Metas era composto de 30 metas, divididas em seis setores, e uma meta síntese, a meta 31 – a construção de Brasília.

---

14 PEREIRA, L. A. G.; LESSA, S. N. O processo de planejamento e desenvolvimento do transporte rodoviário no Brasil. Caminhos de Geografia, v. 12, n. 40, 2011.

Os transportes estavam nas metas de seis a 12, mas o plano todo convergia de alguma forma para o transporte rodoviário, por exemplo: investimentos em diversos setores industriais que faziam parte da cadeia produtiva de automóveis e caminhões, indústria de autopeças, aumento de produção de petróleo, sendo que, a própria meta nº 27 era específica para a indústria automobilística. Estranho dizer isso quando as metas de números seis e sete eram para o reaparelhamento e construção de malha ferroviária, mas na hora de fazer o investimento, ficou clara a intenção do governante: no comparativo realizado e previsto, o resultado (em 1961) da meta de construção de ferrovias foi de 32%, enquanto a construção de rodovias foi de 138%[15].

5. A era dos Planos

Após o governo JK, cada novo governo trazia consigo um 'Plano' para resolver os problemas do Brasil, e sempre as rodovias es-

---

15 ABREU, M. de P. (Org.). A ordem do progresso cem anos de política econômica republicana, 1889-1989. Rio de Janeiro: Campus, 1990.

tavam lá, a princesa dos olhos do desenvolvimento econômico. Seja com João Goulart (1918-1976), deposto por ser um governo 'de esquerda', seja com os governos militares 'de direita', o rodoviarismo esteve sempre no núcleo da lista de Planos:

- Plano Trienal – 1962;
- Plano Nacional de Viação – 1964;
- PAEG (Programa de Ação Econômica do Governo) – 1964;
- Programa Estratégico de Desenvolvimento (PED) – 1968;
- Plano de Integração Nacional (PIN) – 1970;
- Plano Metas e Bases para a Ação de Governo – 1970;
- I Plano Nacional de Desenvolvimento – 1972;
- II Plano Nacional de Desenvolvimento – 1975;
- III Plano Nacional de Desenvolvimento – 1980.

Só para termos uma ideia, para um grande projeto de ocupação da Amazônia e sua integração com o Atlântico, foi projetada a rodovia BR-230, com nada menos que 4.977 quilômetros, ou, a famosa Rodovia Transamazônica. Por que não uma ferrovia? Para entendermos a falta de coerência desta e de outras propostas, (de querer integrar todo o país utilizando apenas rodovias), no início da década de 1970, enquanto o transporte ferroviário conseguia transportar 69,3 toneladas/quilômetro/litro de óleo diesel, o transporte rodoviário era capaz de transportar apenas 15,4 toneladas/quilômetro/litro[16]. Escolheu-se o modal com menor eficiência energética para transporte de cargas.

A defesa do modelo rodoviário era feita pelos economistas que serviam de mentores dos governos deste período, seguidores da cartilha da corrente econômica conhecida como 'Desenvolvimentista' ou 'Estruturalismo'. É fundamentada na ótica de que o automóvel apresenta alto encadeamento de indústrias e serviços, tanto antes da sua produção, durante, e após a produção, envolvendo diversos setores da economia.

---

16 BARAT, J. Crise do petróleo e reformulação da política de transportes. Pesq. Plan. Econ. 5 (2). 1975.

Transportar é Preciso!

Para produzir um carro era importante uma série de indústrias que fornecessem: chapas de aço para a 'lataria', e para fornecer as chapas, siderurgias; materiais para calafetar e pintar o carro; peças e componentes mecânicos, elétricos e eletrônicos; produção de lubrificantes; indústria do setor têxtil para produção do acabamento dos automóveis, vidros, indústria de pneumáticos e peças de látex. A quantidade de empresas, de diversos tamanhos, em todo esse arranjo industrial era muito grande. Ainda temos as etapas após a produção do carro: concessionários varejistas e uma cadeia de serviços de manutenção e reposição de peças, e muito combustível para consumir.

Qualquer esforço para incentivar o setor automobilístico seria justificável dado o ganho econômico, na geração de empregos, demanda de matéria prima das atividades subjacentes e dependentes dos automóveis.

6. "É preciso fazer o bolo crescer, para depois dividir"

O FRN foi o grande financiador de todos os planos de expansão rodoviário. Porém, diferentemente do que se acreditava, esse volume de recursos não foi suficiente para cobrir a metade do necessário para conservação, manutenção e ampliação da rede rodoviária ao longo da história[17]. E o que foi observado foram grandes contradições: Quanto maior a malha rodoviária ia ficando, menor seriam os recursos destinados para manutenção das rodovias. Como o consumo de combustível aumentava, graças à grande expansão da frota, a arrecadação do Imposto Único sobre Combustíveis só aumentava.

A grande contradição surgiu junto com a crise do petróleo, que elevou o preço do petróleo em mais de 400%: a arrecadação do FRN foi às alturas, mas o país passou por dificuldades, e precisou dos recursos do FRN para pagar as contas de outros setores. Para tentar fazer a economia crescer, os recursos do Imposto Único sobre os Combustíveis foram transferidos para o Fundo Nacional de Desenvolvimento e a 'receita de bolo' do superministro Delfim Netto extinguiu esse fundo em 1982.

---

17 Conforme Barat (1969).

Os investimentos em rodovias, que foram realizados sem sistematização e coerência, acabaram sendo financiados pela receita tributária geral, pelas emissões de papel-moeda[18], endividamento externo e o BNDE, futuramente BNDES. Com o processo de redemocratização e com a elaboração da Nova Constituição (1988), buscou-se aumentar a participação dos estados e municípios sobre impostos de competência federal, representando um forte instrumento de descentralização fiscal, não só político-administrativo, como também orçamentário. Dividir o fardo, por assim dizer. Especificamente para o setor rodoviário, a Taxa Rodoviária Única (TRU), de competência federal, foi transferida para os estados, no formato do imposto sobre a propriedade de veículos automotores (IPVA), que os estados e municípios deveriam utilizar para a manutenção viária.

Porém, este processo de descentralização político-administrativa e orçamentária, que, dentre outras funções, compartilha responsabilidades da manutenção da malha rodoviária, não impediu a deterioração da mesma, por falta de condições de manutenção e construção de novas vias. O orçamento dos entes federados, que durante as décadas de 1980 e 1990 foi corroído pela prática de 'guerra fiscal'[19] para atração de novos investimentos industriais, levou os estados a contraírem dívidas para este fim: o de manter a malha rodoviária[20].

Para buscar uma solução, surgiu a possibilidade de investimentos privados e, assim, foi implantado o Programa de Concessões de Rodovias Federais, em 1993, e posteriormente estendido às malhas rodoviárias dos demais entes federados (estados e municípios) com a advinda da Lei 9.277/96, que autoriza a União a

---

18 BARAT, J. O investimento em transporte como fator de desenvolvimento regional-Uma análise da expansão rodoviária no Brasil. Revista Brasileira de Economia, v. 23, n. 3, p. 25-52, 1969.

19 Os Estados praticaram renúncia de receitas de ICMS para atrair indústrias. Como essa prática é inconstitucional, vários mecanismos foram usados para justificar tal prática. Para compreender a guerra fiscal no Brasil vide: PARANAIBA, A. C. A Guerra Fiscal como Política de Desenvolvimento Regional no Brasil: O caso de Goiás. ESARD 2013 Évora, Portugal, 2013.

20 PARANAÍBA, A. C.; FORTES, J. A. A. S. Concessões rodoviárias no contexto da evolução da Teoria Macroeconômica e os benefícios para Goiás. SEGPLAN, IMB–Instituto Mauro Borges de Estatística de Estudos Socioeconômicos, n. 28, p. 27-32, 2014.

delegar aos municípios, estados da Federação e ao Distrito Federal a administração e exploração de rodovias e portos federais.

7. Privatizações ou concessões?

As formas mais comuns de o setor privado envolver-se com os serviços públicos geralmente ocorre sob a forma de concessões, permissões ou autorizações. Alguns destes modelos de concessões se enquadram como Concessões Administrativas ou Patrocinadas, que no caso do Brasil são consideradas Parcerias Público Privadas, diferenciando-se das concessões comuns[21].

Os contratos de concessões envolvem investimentos do parceiro privado na infraestrutura pública para a prestação de serviços, sendo que o retorno do investimento ocorre por meio de tarifas cobradas do usuário ou por meio do pagamento direto da administração pública[22].

No Brasil, a concessão de rodovias para parceiros privados tem como marco a década de 1990, porém, desde a Constituição Federal de 1946 esse tipo de parceria já era prevista, ou seja: não temos privatizações de rodovias, apenas concessões. Essa década representa também o início do processo de privatizações dos setores ligados à infraestrutura de transportes. Os primeiros trechos a serem concedidos foram das rodovias que passam pela Ponte Rio-Niterói e Presidente Dutra, ligação entre as cidades do Rio de Janeiro e de São Paulo.

Na década de 2000, o governo brasileiro implementou o Programa de Concessões de Rodovias Federais. Uma nova fase regulatória teve início com a criação da Agência Nacional de Transportes Terrestres (ANTT), em 2001, vinculada ao Ministério dos Transportes (MT). Apesar da implementação do modelo regido pela referida lei ter mais de oito anos, o Brasil não avançou o necessário para garantir um nível de competitividade logística equiparado ao observado em outros países. Na análise da última edição publicada pelo Banco Mundial, em 2012, do ranking sobre

---

21 RIBEIRO, M. P. Concessões e PPPs: Melhores Práticas em Licitações e Contratos. Ed. Atlas, São Paulo. 2011.

22 RIBEIRO, 2011.

desempenho logístico global (LPI), o Brasil aparece apenas na 45ª posição, dentre os 155 países listados.

O pioneirismo das concessões de infraestrutura viária data de 1955, quando a França iniciou este processo. Em contrapartida, a Inglaterra utiliza o que se chama de modelo DBFO (Design-Build-Finance-Operate), a partir de 1990, onde o setor privado faz o investimento e o governo paga pela entrega dos serviços, prática exercida pelo Brasil, a partir de 2001. Na América do Norte, os países Canadá, Estados Unidos e México possuem características muito distintas em seus modelos de concessão. Na América do Sul, três países merecem destaque: Argentina, Chile e Brasil.

O Brasil, em 2012, implementou o Programa de Investimentos em Logística (PIL), e no intuito de atrair investidores privados, o Governo Federal brasileiro elevou a Taxa Interna de Retorno (TIR) de, aproximadamente, 5% a.a para 8% a.a. Conforme a Agência Nacional de Transportes Terrestres (ANTT) o Programa de Concessão de Rodovias abarca mais de 11 mil quilômetros de rodovias, sendo que 5.239 km já estão concedidos à iniciativa privada. Dentre os estados presentes no Centro-Oeste já existem projetos de concessão às empresas privadas, tanto de rodovias federais, bem como as rodovias estaduais.

8. Como funciona uma concessão de rodovia?

A concessão de rodovias no Brasil funciona como um leilão: o governo apresenta o trecho, estipula um prazo para a empresa privada explorar e define a prestação de serviços que devem ser feitos durante o período de exploração: manutenção, operação, recuperação conservação e implantação de melhorias, possíveis ampliações. Além disso, o governo define uma Taxa Interna de Retorno. O lance de menor tarifa será o vencedor do leilão. Para tanto, a ANTT envolve uma série de agentes para tornarem-se partícipes da definição do modelo que demonstre as estimativas de tráfego e, consequentemente, investimentos e retornos financeiros: do Departamento Nacional de Infraestrutura de Transportes (DNIT), do Ministério da Infraestrutura, da Advocacia Geral da União (AGU) e do Banco Nacional de Desenvolvimento Econômico e Social (BNDES).

Transportar é Preciso!

Um exemplo, que foi o primeiro no novo modelo de licitação de rodovias federais foi a BR-050[23], que liga o estado de Goiás à divisa com São Paulo, elaborado pela Agência Nacional de Transportes Terrestres (ANTT) em setembro de 2013. O prazo da concessão é de 25 anos e a condição geral para o início da cobrança das tarifas de pedágio é a conclusão dos trabalhos iniciais do sistema rodoviário e execução de 10% das obras de duplicação. Outra condição existente é a completa duplicação do perímetro concedido até o final do 5º ano, respeitando cronograma imposto pela ANTT.

As estimativas de investimentos e custos de operação foram obtidas através de custos das obras, equipamentos e serviços, além dos cronogramas de aquisição, reposição e operação. Os investimentos previstos, a preços de maio de 2012, são de R$ 6,75 bilhões de receita de pedágio, R$ 2,26 bilhões de investimentos e R$ 1,49 bilhão de custos operacionais. Entre as melhorias físicas operacionais definidas pelo Programa de Exploração Rodoviária – PER, estão a implantação de 24 interconexões, sete passarelas, quatro melhorias de acesso, um retorno, além de 7 km de vias marginais em transversais urbanas.

A respeito do leilão, o edital fazia referência a uma tarifa teto de R$ 0,0787 por quilômetro de rodovia em uma extensão de 436,6 quilômetros, onde oito consórcios formados por empresas brasileiras e estrangeiras representadas por suas respectivas corretoras de valores na Bm&Bovespa, atualmente B3, participaram. A ANTT confirmou o consórcio Planalto como vencedor do leilão da BR-050 por ter feito a oferta do menor valor de pedágio.

9. Problemas das concessões rodoviárias

Uma série de problemas são identificados nas concessões de rodovias. Os mais comuns são erros nas estimativas dos projetos e contratos incompletos.

---

23 Esse exemplo se encontra em: COSTA, A.; PARANAIBA, A. C.; FEITOSA, Z. O.; FARRANHA, A. C. Avaliação de desempenho nas novas concessões rodoviárias brasileiras: proposta de marco lógico aplicado a BR-050. In: XVII CCIT, 2015, Bio-Bio. CCIT-17, 2015.

No primeiro caso: diversos estudos[24] apontam que as diferenças encontradas entre a demanda estimada no projeto e a que realmente ocorre. Internacionalmente esse erro de previsão pode superar 20%, sendo que no Brasil já ocorreram casos em que o erro de previsão de demanda foi 43% menor que a prevista. Esse tipo de erro é um comportamento oportunista da empresa que participa e quer ganhar a licitação: para justificar um pedágio pequeno, a empresa apresenta um projeto de viabilidade que aponta um fluxo de veículos bem intenso, para justificar o valor do pedágio por veículo.

No segundo caso: contratos obscuros e incompletos são propostas que não deixam evidente a qualidade do serviço que será prestado. Estes contratos incompletos apresentam brechas para justificar posteriores renegociações, incorrendo em alterações das tarifas, retornando a taxas que possam garantir retorno financeiro à empresa privada, mas que, provavelmente, não seriam capazes de vencer a licitação.

Mas qual a vantagem de errar a previsão de demanda e, ou fazer um contrato obscuro? Assim que assinado o contrato, a empresa vencedora encontra possibilidade de renegociá-lo, alegando que se deparou com um 'risco' que acabou acontecendo.

Juridicamente, a necessidade de renegociar contratos se fundamenta em três categorias de riscos básicos adotados pela Secretaria do Tesouro Nacional, objetivando regular contratos de concessão e suas renegociações: risco de demanda, risco de construção e risco de disponibilidade. Os conceitos destes três tipos de risco são apresentados pela Statistical Office of the European Communities (EUROSTAT), em sua Decisão nº13 de 2004.

O tratamento do risco de demanda, por exemplo é determinado pela Portaria nº614/06 do STN, que considera que o parceiro público assume o risco de demanda se garantir receita mínima superior a 40% do fluxo total de receita esperada. Se as empresas sabem que podem 'errar' o fluxo de receita em 40%, para quê acertar a conta?

---
24 Esses estudos são apresentados em: PARANAIBA, A. C.; COSTA, A.; FONSECA, A. P. Review and Suggestions to The Demand Forecast Model in Highway Concessions Projects in Brazil. ITEA Annual Conference and Summer School on Transportation Economics (Kuhmo Nectar), Toulouse. 2014.

Transportar é Preciso!

Um novo tipo de problema surgiu recentemente nas concessões rodoviárias brasileiras. As concessões de rodovias realizadas em 2012/2013, em sua maioria estavam vinculadas a empréstimos do BNDES, sendo que algumas chegaram a 70% do projeto de investimento ser financiado pelo banco estatal, lembrando que as empresas deveriam realizar uma série e obras, tal como duplicação de trechos em cinco anos. A crise econômica chegou, o fluxo de veículos caiu, a taxa de juros subiu. Para piorar, algumas licitações foram vencidas por consórcios que tinham alguma empresa no grupo sendo investigada na operação Lava-Jato, causando a restrição de acesso ao crédito prometido no passado.

A concessionária que venceu a licitação do exemplo que foi dado acima (BR-050) solicitou ampliação do prazo de cinco para 14 anos para realizar as obras. Em outras concessões, ou a concessionária simplesmente desistiu e devolveu a rodovia para o governo, caso da Invepar (BR-040) ou teve a concessão cassada por não cumprir o cronograma, como o caso do grupo Galvão (BR-153).

10. Diagnóstico e soluções para as rodovias brasileiras

Com todo o histórico apontado e os fatos recentes da conturbada economia brasileira, podemos levantar algumas considerações.

Dado que a Taxa Interna de Retorno, dos estudos de viabilidade Econômica imposta pelo Governo como ponto de partida do processo licitatório pode ser o grande causador de incoerências, visto que a participação dos agentes envolvidos poderia contribuir para a construção de modelos que tivessem a TIR como resultado final, e, caso essa taxa não fosse interessante, uma nova rodada de negociações poderia ser articulada para uma construção de indicadores, para não incorrerem nas renegociações dos contratos.

Por que a TIR deve ser definida? Não seria ela um indicador financeiro que interessa à empresa? Não seria uma exigência burocrática apenas com o objetivo de criar barreiras para novos players? No fundo, os projetos de viabilidade exigidos nas licitações medem a habilidade de uso de planilhas eletrônicas – papel aceita tudo!

A operação Lava-Jato revelou a existência de um fenômeno estudado na Ciência Política: A Lei de Ferro da Oligarquia.

Adriano Paranaiba e Eliezé Bulhões

Essa famosa teoria foi cunhada por Robert Michels, em 1991, que aponta o surgimento de uma minoria organizada, um oligopólio com o objetivo de se manter no poder[25]. Vamos tomar como exemplo algumas empreiteiras, envolvidas na operação Lava-jato, seu passado com o governo e o atual processo de concessões:

EMPRESA	CONCESSÃO RODOVIÁRIA	PASSADO*
Odebrecht	6 Concessões Federais com 1.536 km	• Construção do Aeroporto do Galeão, • Usina Nuclear Angra I • Construção da Sede da Petrobrás em 1969
OAS	Faz parte do Consórcio Invepar que administra 2.340 km	1975 trabalha em subcontratos da Odebrecht. Um dos sócios, Cesar Araújo Mata Pires genro de Antônio Carlos Magalhães (ACM) político oligarca Baiano.
Camargo Corrêa	Faz parte do Consórcio CCR. Maior administradora de rodovias no Brasil, com 3.265 quilômetros.	Construção: Ponte Rio-Niterói 1968 Transamazônica 1970/72 Itaipu -1973
Andrade Gutierrez	Faz parte do Consórcio CCR	Itaipu -1973
Grupo Galvão	Concessão de 624,8 quilômetros da BR-153	Rodoanel Mário Covas – 2010
Mendes Júnior	Fez parte do Consórcio CCR	Barragem Furnas (MG) - 1958 Transamazônica 1970/72 Itaipu -1973

* Envolvimentos mais relevantes e antigos com o Governo Federal

---

25 GIANTURCO, A. A ciência Política uma introdução. 2ª ed. Rio de Janeiro: Forense, 2018.

Transportar é Preciso!

Muitos analistas acreditam que a corrupção não aumentou, apenas ficou mais evidente por causa dos mecanismos de controle e fiscalização. Mas é indiscutível que a 'Oligarquia do Asfalto' comprova a Lei de Ferro da Oligarquia, com o aumento da concentração de poder desse grupo de empreiteiras investigadas.

Gastos do Governo com empreiteiras investigadas na Lava-Jato (em bilhões de R$)

Ano	Valor
2004	0,25
2005	0,34
2006	0,43
2007	0,88
2008	0,91
2009	1,39
2010	1,57
2011	1,02
2012	2,41
2013	3,02

Fonte: Portal da Transparência

Os valores do gráfico acima mostram que existe uma concentração de poder e influência nos Planos Rodoviários por parte dos empreiteiros e isso precisa ser revisto. A operação Lava-Jato pode conseguir punir e penalizar os envolvidos, mas o que acontecerá é que uma nova minoria assumirá o controle da 'Oligarquia do Asfalto'. A corrupção não é causa – a corrupção é o efeito[26].

Os planos criados para o desenvolvimento logístico do Brasil precisam considerar, por incrível que pareça, questões de logística – envolver os atores que participam da produção que usa a malha viária. Decisões de gabinete com empreiteiros são tão danosas quanto as de uma pessoa muito bem-intencionada, mas que não sabe o que se transporta de uma cidade para outra.

Seria muito interessante fazermos uma pesquisa entre produtores e industriais com a seguinte pergunta: "qual a perda de seu faturamento com rodovias de baixa qualidade?" Entraria na

---

26 GIANTURCO (2018, p. 411).

conta manutenções de frota fora do tempo programado, desgastes de peças e trocas antecipadas e inesperadas (pneus, suspensão), até mesmo aqueles grãos que ficam caindo do caminhão, enchendo as rodovias. Tudo isso é um custo que pode ser revertido em investimento privado do setor para benefício próprio.

Capítulo III
Criando hidrovias no Brasil: por que não uma concessão?

Em 2010 foi realizado um seminário sobre o transporte hidroviário com representantes brasileiros e belgas, neste evento foi dito que essa década seria a década das hidrovias!

Vamos contextualizar um pouco os investimentos do governo federal, nas duas últimas décadas do século passado para o setor de transportes foram investidos em média 0,4% do PIB. Em comparação com a década anterior a redução foi de 60%.

Mas isso foi no século passado, o que o Brasil fez agora? Bem, agora, o investimento foi de 0,29% em média nos últimos anos...

De acordo com Plano Nacional de Logística e Transportes, que define onde e como serão feitos os investimentos a serem realizados em um cenário entre 2008 e 2023, as hidrovias deveriam receber investimentos da ordem de R$ 7,2 bilhões entre os anos de 2008 e 2011. Com esse dinheiro seria possível sinalizar, dragar e realizar uma série de intervenções que aumentariam a quantidade de hidrovias no Brasil em mais de 70%. Mas na realidade o investimento foi de somente R$ 1,6 bilhões. Ou seja, aproximadamente 22% dos investimentos recomendados para o setor[27].

As necessidades de investimento no segmento hidroviário são prementes. O Brasil dispõe de uma quantidade de rios que podem ser utilizados para transportar mercadorias e passageiros. Um bom exemplo são os Estados da região norte que, na ausência de estradas e ferrovias, utilizam seus rios para levar todos os tipos de mercadorias e para o deslocamento de pessoas. Por sinal,

---
27 CNT, 2014.

aconselho você leitor a realizar uma viagem entre as cidades de Manaus e Belém para conhecer a Amazônia[28].

Mas voltando ao transporte de cargas no Brasil, existe uma necessidade de redução dos custos de transporte dos produtos agrícolas que são a base das exportações brasileiras. Entretanto, mesmo com a previsão de recursos para a execução de melhorias, e principalmente, expansão da malha hidroviária, não foram encontrados estudos com propostas de análise e avaliação dos investimentos para o transporte hidroviário.

Quer um exemplo? Não existe qualquer informação sobre o transporte hidroviário nos Planos de Investimentos Logísticos (PIL) apresentados pelo governo federal.

Ahh, então basta aumentar o investimento e priorizar o transporte no setor público e o problema será resolvido!

Pena que a questão não é tão simples... o que se observa, no setor público, é a fragilidade no que diz respeito à análise de viabilidade de projetos, pois existe uma demanda reprimida de infraestrutura de transporte no Brasil, mas isso não consegue capturar o interesse do setor privado em investir no setor.

No caso de projetos de infraestrutura de transportes, o governo somente solicita àqueles que elaborarão o Estudo de Viabilidade Técnica Econômica e Ambiental (EVTEA) que apresentem os estudos de fluxo de caixa sob a ótica dos indicadores de viabilidade de Taxa Interna de Retorno (TIR), Valor Presente Líquido (VPL), relação entre o benefício e o custo (B/C) e a análise de sensibilidade, que é obtida majorando os custos e minorando os benefícios. Simples assim, mas os resultados garantem seu fracasso.

Imagine o seguinte exemplo: você casou e como diz o ditado: quem casa, quer casa. Mas não tem muito dinheiro, ainda não tem filhos. Por mais que você tenha planos de ter quatro filhos, você já vai construir a casa para todos esses filhos? E se no meio do caminho decidir ter somente dois filhos? O que você fará com os outros quartos e banheiros que já construiu ou já se comprometeu a fazer?

Eu sei que é um exemplo bem simples, mas você sabia que o governo não tem mecanismos para criar infraestrutura de transportes de forma escalonada?

---

28 A viagem dura em média quatro dias (sentido Manaus-Belém)

Entretanto, novos métodos surgiram para a análise de investimentos. Dentre eles, destaca-se a Teoria de Opções Reais (TOR), cujo modelo de avaliação pretende justamente incorporar as dinâmicas de mudanças nos projetos de investimentos, as quais podem trazer novas alternativas para o tomador de decisão. Por que pensar uma infraestrutura hoje se não se tem a certeza de que aquela capacidade de carga irá realmente acontecer? E se daqui 20 anos a máquina de teletransporte for criada?

Quando se buscou tratar do uso da TOR para a análise dos modelos de fluxo de caixa que atualmente compõem as análises de investimentos utilizados no EVTEA, apresentado pelo governo, buscou na incorporação dessa ideia, novos elementos para quantificar e qualificar os futuros projetos governamentais do setor hidroviário e, dessa forma, aumentar a garantia para que parceiros privados tenham interesse nesses investimentos.

Ao usar a TOR foram avaliadas as suas particularidades de aplicação para o setor de transportes hidroviários, as atuais formas de utilização das opções reais pelo setor privado e as possibilidades de uso para o setor público, e os elementos necessários para sua utilização.

1. A Atual Forma de Avaliar a Viabilidade dos Investimentos Hidroviários no Brasil

Nos atuais EVTEA para os projetos de investimento no setor hidroviário o foco das avaliações é somente a proposição das alternativas de traçado para o canal navegável. Os custos e a estimativa de cargas são os elementos base para a avaliar o projeto. Em todos os casos estudados correspondem a grãos e minério, que se utilizarão da hidrovia ao invés de usar as rodovias disponíveis na região. A exceção é somente o caso da região do rio Tocantins, entre as cidades de Marabá e Vila do Conde, no estado do Pará, onde a estrada de ferro Carajás é a principal via para escoamento do minério de ferro da Serra dos Carajás[29].

Durante as avaliações é apresentada a previsão de cargas para três cenários (otimista - 4 filhos, conservador - 2 filhos e

---

29 ver (DNIT, 2009, 2013).

pessimista - 1 filho e 1 cachorro) que de acordo com o custo do frete da região é comparado com as alternativas existentes. Devido as suas características, o frete hidroviário, nestes casos, é sempre inferior aos outros fretes. Como base nos valores dos investimentos previstos, na demanda de carga e no valor é calculado o Valor Presente Líquido (VPL), a Taxa Interna de Retorno (TIR) e a relação entre o benefício e o custo (B/C) do projeto e apresentado no EVTEA. Os projetos que apresentem VPL positivo e TIR maior que o custo do capital são aprovados.

Essa fórmula é simples e direta mas captura somente o ganho financeiro dos investimentos deixando de avaliar possíveis ganhos econômicos que um projeto hidroviário pode capturar, como por exemplo, a redução das emissões de poluentes, a diminuição do número de acidentes nas rodovias e até o custo de manutenção do pavimento rodoviário devido a utilização de outro modo de transporte para o escoamento da produção local.

E o mais importante: não avalia as incertezas dos cenários, suas variações e as possibilidades de investimentos em um momento futuro. Lembre-se da sua casa e seus futuros quatro filhos!

2. Mas o que é essa tal de Teoria das Opções Reais

As opções reais avaliam a flexibilidade que se possui para tomar decisões de investimento[30]. Durante um processo de investimento, uma hidrovia ou sua casa, é certo que novas informações surgirão, mudanças políticas e econômicas, ter menos filhos ou ter quíntuplos ocorrem e suas consequências no projeto trazem incertezas, principalmente sobre seus gastos e ganhos. Se podemos repensar os planos, por que não o governo?

A TOR surge como uma analogia ao conceito das opções financeiras: é um direito sem a obrigação de exercer a opção.

A partir dessa analogia, foi possível introduzir a flexibilidade, assim o EVTEA, ganhou a complementação que lhe faltava. Portanto, as opções reais permitem quantificar a flexibilidade para reagir a eventos incertos. Dessa forma, a possibilidade de rever a estratégia inicial e alterar o plano de investimentos de acordo com

---
30 Ver DIXIT E PINDYCK (1994).

as novas condições econômicas traz um ganho não previsto pelos métodos tradicionais. Essa flexibilidade gerencial é uma possibilidade, mas não uma obrigação de alteração do plano ou projeto.

3. Existem tipos de Opções Reais?

Se você chegou até aqui lendo esse capítulo, parabéns! A resposta à pergunta é simples: SIM! Basicamente temos 3 tipos de classificações: diferir, expandir/contrair e abandonar. No Quadro 1, a seguir, há um resumo sobre os três tipos e possíveis aplicações.

Quadro 1: Classificação das Opções Reais[31]

TIPO DE OPÇÃO	DESCRIÇÃO	APLICAÇÕES
Diferir/adiar	Espera-se um tempo (T) em anos para avaliar se os preços justificam a construção e o investimento na infraestrutura.	Extração de recursos minerais, exportações agrícolas, investimentos imobiliários, etc.
Alterar a escala (expandir, contrair, interromper e retomar)	Considerando as condições de mercado favoráveis, é possível a expansão. Em casos restritivos (menos favoráveis) que o esperado, pode-se reduzir a operação/investimento, ou até paralisar para retomar no futuro.	Indústria energética, empreiteiras, mineração, indústria de bens de consumo, investimentos de longo prazo e realizados em etapas sucessivas, expansão viária.
Abandono	Se condições de mercado declinam drasticamente, existe a opção de abandonar o projeto permanentemente e vender ativos, equipamentos.	Indústria de capital intensivo, linhas aéreas, linhas férreas, novos produtos em mercados incertos.

---

31 Existem outros tipos de opções reais, para maiores detalhes veja TRIGEORGIS (1996)

Transportar é Preciso!

Em analogia aos conceitos de irreversibilidade, incerteza e possibilidade de adiamento para investidores privados, e considerando que a abordagem de opções é uma tentativa de modelar teoricamente as decisões dos investidores no caso do investimento público podem-se apresentar as seguintes situações:

A) As despesas em um investimento devem ser consideradas, em grande parte, como um custo sem volta (irreversível). Por exemplo: a construção de uma eclusa na qual, depois de pronta, verifica-se a falta de barcos e operadores com interesse em utilizá-la. Nesses casos, investimentos mal-sucedidos incorrerão em grandes investimentos pelo Estado sem o retorno esperado.

B) As incertezas decorrem da incapacidade de predizer o futuro, sendo que atuam diretamente na decisão de investir. Variáveis como o valor de um insumo (aço, cimento etc.), taxas de juros, crises cambiais, mudanças de governo adicionam elementos suficientemente importantes nas análises dos projetos governamentais.

C) A possibilidade de adiamento do investimento deve ser levada em consideração pelo gestor como uma opção. Nesse caso, deve-se estar atento ao custo de adiar o investimento, ao custo de deixar de prover melhorias de bem-estar à população, avaliando o benefício da entrada de uma nova tecnologia no futuro ou a maior maturidade futura do local para maximizar o usufruto do investimento.

Essas situações devem ser incorporadas nos estudos do governo para quando da sua apresentação a interessados privados, para que esses tenham mais transparência e elementos para avaliação da sua participação nos empreendimentos. E não pensar os investimentos como um programa de TV que você escolhe entre as três portas sem qualquer ideia do que está atrás dela.

4. Dos modelos das Opções Reais

Na literatura sobre a cálculo das ORs dois modelos são os mais utilizados: Modelo de Black e Scholes[32] e o Modelo Binomial[33].

---

32 The princing of options and corporate liabilities (1973).

33 COX, ROSS e RUBISTEIN (1979).

No trabalho desenvolvido por Black e Scholes, intitulado, é apresentada a ferramenta matemática que calcula o valor da opção financeira.

No caso do Modelo Binomial os autores propõem a utilização de uma árvore de decisão e a cada passo apresenta o caminho que segue o preço de referência. Neste caso, a flexibilidade é a principal vantagem, pois a visualização de uma opção é facilmente identificada.

A árvore de decisão é uma forma gráfica de visualizar consequências das escolhas atuais e futuras e de seus eventos aleatórios considerados

A figura 3 mostra um desenho esquemático de uma árvore de decisão para o setor hidroviário.

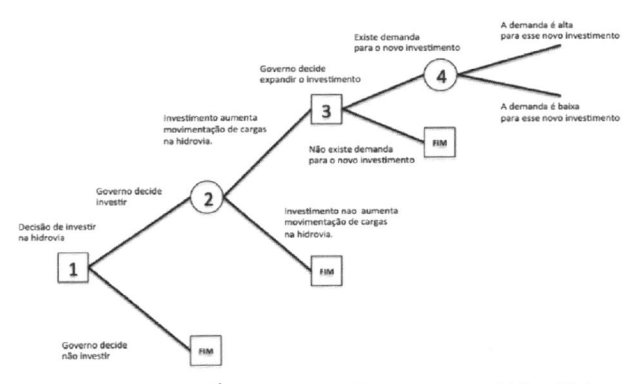

Figura 3: Exemplo de Árvore de Decisão para o setor hidroviário.

Os nós quadrados são as decisões e os nós redondos as incertezas que representam eventos aleatórios. Nesse caso, podem ser consideradas as opções de expandir, prosseguir, prorrogar ou abandonar um investimento. Nos ramos da Árvore de Decisão devem ser inseridas as informações sobre as probabilidades após os nós de incerteza (nós redondos); os valores de investimentos nos nós de decisão (nós quadrados) e os retornos no final dos ramos.

5. E na prática? A Flexibilidade Gerencial em um Projeto de Investimento Governamental

Após uma breve explicação sobre os elementos conceituais da Teoria das Opções Reais, entendo se você quiser abandonar a leitura, mas não me abandone agora.

Esta seção descreve como são realizados os investimentos no setor de infraestrutura de transportes no Brasil e o processo para o setor de hidrovias.

Os investimentos no setor de transportes são realizados de três formas básicas: através do governo, contratando empresas privadas para a execução da obra e ao final da construção entregando para uso da sociedade; o governo realizando leilões para a concessão de infraestruturas novas ou para a manutenção e expansão das já existentes; ou o empresário solicita autorização do governo para a execução de projetos de seu interesse, como por exemplo os Terminais de Uso Privado (TUP).

Quando o uso do modelo de concessão da infraestrutura de transportes já é do conhecimento do interessado qual o prazo de exploração da concessão, o valor que deve ser investido nos primeiros anos em maior grau. E após o período inicial, os valores de manutenção da infraestrutura em quantidade menor e normalmente constante.

Além desses valores, tem-se o valor a ser pago ao governo no caso da concessão efetivada, quando essa seguir o modelo de maior ágio a ser pago pelo interessado para prestar o serviço. Cabendo ao ente privado estudar e avaliar esses números e propor o valor que o futuro usuário deverá pagar para usar a infraestrutura concessionada.

Porém, nos últimos leilões para concessões rodoviárias realizados pelo governo federal, o foco não era mais o valor a ser pago ao governo, mas o menor valor a ser cobrado pelo concessionário ao usuário por 100 quilômetros percorridos[34]. A consequência desse novo modelo proposto pelo governo foram: o número reduzido de proponentes, em alguns casos a ausência de interessados em participar dos leilões, e atualmente a rene-

---

34 (ANTT, 2013).

gociação dos valores dos pedágios e a dilatação dos prazos para a realização dos investimentos. É, deu ruim...

Se o interessado tem conhecimento do fluxo de tráfego da rodovia, e sendo alto o valor da tarifa de pedágio, o seu fluxo de caixa também será elevado, reduzindo assim seus riscos. Porém, quando se desconhece o real fluxo de caixa da rodovia, os riscos do investidor se tornam muito elevados.

No caso de empreendimentos para o setor hidroviário a avaliação desses riscos descritos se dará com o enfoque do governo e não do investidor privado. Pois, até o momento, ainda não se tem conhecimento de modelo de concessão de infraestrutura hidroviária. O primeiro projeto dessa natureza que seria realizado em um modelo, não de concessão, mas de parceria público privada, o Canal Norte do rio Sena na França, com valores estimados de sete bilhões de euros, foi suspenso após a crise econômica de 2008. Informações recentes indicam que o projeto do canal será reestruturado, com perspectivas de redução de sua capacidade operacional e novos valores estimados em 4,2 bilhões de euros. Até na Europa as coisas, às vezes, não são tão perfeitas como parecem...

Essa informação somente reforça a necessidade de uma melhor modelagem dos investimentos em infraestrutura de transportes no Brasil para garantir maior participação do setor privado.

6. O processo de escolha do Tipo de Opção para o setor público

O relevante neste ponto é compreender o processo de uma opção e sua aplicabilidade em uma obra de infraestrutura de transporte governamental. Conforme visto no quadro 1, as opções reais podem ser de adiar/diferir, alterar a escala, abandonar, de conversão, composta, crescimento com múltiplas. A utilização da Teoria das Opções Reais pelo governo com o objetivo de planejamento dos seus investimentos e melhor gestão orçamentária deve ser considerada de acordo com as características específicas de cada uma delas. O quadro 2 apresenta as possibilidades de aplicação dos Tipos de Opção de acordo com o gestor: público ou privado.

Quadro 2: Tipos das opções reais e suas aplicabilidades para infraestrutura de transportes público e privado

TIPO DE OPÇÃO	PÚBLICO	PRIVADO
Diferir/Adiar	Sim	Sim
Alterar a escala	Sim	Sim
Abandono	Não	Sim

Para investimentos públicos em infraestrutura, a não conclusão da obra causará prejuízos à sociedade, sendo que a opção de abandonar o investimento não deverá ser considerada. Adiamentos em projetos de infraestrutura governamentais no Brasil já ocorreram e ainda ocorrem, e o setor hidroviário não será exceção a essa regra. Porém, os atuais adiamentos, em sua maioria, ocorrem já com as obras em andamento. A proposta agora é avaliar investimentos sob a perspectiva do adiamento de seu início por parte do futuro parceiro privado, sendo considerada como uma estratégia na tomada de decisão e não uma incompetência em execução do setor de transportes.

Para o caso de obras e projetos hidroviários, o governo poderá trabalhar com uma carteira de projetos contingencial. O governo executaria o investimento com o parceiro privado com consequente retorno futuro com a redução do frete, emissão de poluentes e acidentes nas estradas se, e somente se, os valores de demanda para o escoamento da produção agrícola ou mineral na região apresentassem a viabilidade para sua implantação.

A proposta de trabalhar com as opções reais com alteração de escala é vantajosa para o planejamento da execução de infraestrutura hidroviária, pois não existe um levantamento detalhado da demanda a ser transportada na maioria dos rios com potencial de utilização como hidrovias e ainda, na maioria dos casos, não existem empresas com operações de transporte de cargas.

Esse fator de incerteza já foi apontado35 e afirma que o alto potencial de uso econômico do transporte hidroviário em função do alto potencial agrícola e a possibilidade de sua utilização, por exemplo, no escoamento de produção de etanol e biodiesel, como no caso da hidrovia Paraná-Tietê.

Desta forma, se o planejamento da construção de sistemas hidroviários conseguir medir o valor de sua execução com a opção da alteração da escala em virtude do crescimento da demanda agrícola, por exemplo, este elemento pode ser um atrativo ao investimento privado.

Nos estudos já realizados para a concessão de infraestrutura de transporte terrestre foi dada a preferência para valorar as opções reais ao modelo binomial. A preferência por um modelo em relação a outro pode ser considerada pelo tipo de opção a ser calculada e seu tipo. Nos casos que utilizaram o modelo binominal a opção de abandono do investimento foi considerada, pois uma visualização em uma Árvore de Decisão a respeito do melhor momento para exercer a opção de abandono pode ser o ponto a se buscar, no caso do futuro concessionário do serviço.

Na ótica do governo, o interesse em planejar o investimento deve avaliar o ponto (ano) em que o investimento pode ser iniciado de forma eficaz. O gestor pode analisar os cenários de produção de determinada região e avaliar o melhor momento (gatilho) para a realização do investimento público em parceria com o privado. Neste caso, a aplicação do modelo Black e Scholes (1973) se torna o mais interessante.

7. E a proposta de um novo modelo de avaliação dos investimentos

Considerando que o governo ao investir em uma infraestrutura de transporte hidroviário não cobra de seus futuros usuários um pedágio, para a sua utilização, para avaliar a viabilidade do investimento, ele se apropria de valores calculados de economia de frete que serão obtidos pelos operadores fluviais como referência

---

35 ver SANTANA (2008).
Transportar é Preciso!

para calcular o retorno financeiro da obra. Por esse motivo, a taxa de desconto a ser utilizada na composição das receitas oriundas da apropriação da economia de frete, deve ser a mesma utilizada pelo futuro operador hidroviário para o pagamento de seus investimentos, que no caso serão as embarcações.

A proposta é que os investimentos hidroviários apresentem uma análise econômica do investimento, considerando uma componente ambiental (emissão de poluentes entre os modos de transporte) e uma componente social (a redução dos acidentes nas rodovias quando da utilização da hidrovia em detrimento do transporte rodoviário de carga).

Outro fator, a redução dos custos de manutenção da malha rodoviária quando da substituição do transporte das mercadorias por caminhões pelas embarcações deve ser considerada.

No caso do transporte rodoviário ele será considerado como a distância da origem da carga, e para o modo hidroviário, esse tem uma parcela que deve ser considerada, que é a movimentação da carga pelo modo rodoviário até o terminal hidroviário.

Desta forma, diferente do que é apresentado hoje para a avaliação econômica dos investimentos governamentais em hidrovias serão propostas as seguintes alterações no quadro 3.

Quadro 3: Proposta para análise e avaliação de projetos governamentais em infraestrutura de transportes hidroviários

ATUALMENTE	PROPOSTA
Análise Financeira • Redução do Frete (custo)	Análise Econômica (tríade econômica) • Emissão de Poluentes (meio ambiente) • Redução de Acidentes (fator humano) • Redução do Frete (custo)
Cálculo de FC • Demanda estimada em relação à redução do frete	Cálculo do FC • Demanda estimada em relação à tríade econômica

ATUALMENTE	PROPOSTA
Taxa de Desconto TJLP	Taxa de desconto • TJLP (para os anos de investimento do governo) e • Taxa de financiamento para construção ou reforma de embarcações (para os anos pós-obras)
Análise de Cenários separados de demanda de carga: Pessimista, Conservador e Otimista.	Análise de Cenários em conjunto da demanda de carga, com avaliação da variância dos três cenários
Cálculo da Viabilidade • Utiliza VPL e TIR para avaliar a viabilidade do projeto. • Considera o projeto como sendo agora ou nunca.	Cálculo da Viabilidade • Mensurar as incertezas. • Utilizar a Teoria das Opções Reais (Modelo de Black e Scholes) para avaliar o investimento. • Opções de Adiar e Expandir

8. Conclusão

A carência de investimentos no setor hidroviário nacional é latente e, como consequência, em comparação com a extensão da rede fluvial brasileira e sua participação no volume de cargas que utilizam as hidrovias, apresenta números muito abaixo de sua capacidade. Mas, para a realização efetiva das obras necessárias para dinamizar a utilização desse modo é obrigatória a apresentação de Estudos de Viabilidade Técnica Econômica e Ambiental (EVTEA) para a aprovação dos projetos. O que se observa nos atuais estudos para o setor é a utilização de modelos já consagrados de análise financeira que não avaliam as incertezas, os riscos do empreendimento e as possibilidades de adiamento e ou expansões.

Transportar é Preciso!

A proposta apresentada neste capítulo lança luz na Teoria das Opções Reais como uma alternativa ao governo para se utilizar para avaliar os projetos para o setor e aumentar a atratividade desses para a participação de parceiros privados. A Teoria apresenta a possibilidade de incorporação em um projeto de alternativas de adiamento e expansão para um empreendimento, valorando-as, e que somadas aos cálculos de avaliação tradicionalmente já utilizados, qualifica os futuros investimentos.

O presente trabalho propõe que ao agregar novos elementos aos estudos de viabilidade para o setor hidroviário, o governo pode melhorar a aplicação dos escassos recursos orçamentários destinados à infraestrutura de transportes, criando até um portfólio de projetos a serem executados ao longo de um horizonte maior de prazo, e ainda considerando as incertezas e os cenários de expansão agrícola e mineral, principal cliente do transporte fluvial.

Capítulo IV
O problema que bate à porta: Mobilidade Urbana

Falamos em infraestrutura e instantaneamente pensamos em grandes rodovias com seus anéis viários, ferrovias e grandes portos. Mas por que não começamos com os problemas mais próximos de nós e que nos impactam assim que colocamos os pés para fora da porta de casa?
Você já imaginou uma cidade sem o pedestre? Eventualmente aparece um filme que mostra uma cidade deserta, desolada. Quem dá vida a uma cidade é o pedestre! O comércio só existe para vender seus produtos para as pessoas, é para o pedestre que ele abre suas portas. O transporte coletivo, as praças e os parques são feitos para as pessoas e não para os veículos.

Observando essas características pode ser notada a importância que o pedestre tem para a vida em sociedade na sua transformação de um aglomerado urbano desprovido de condições de integrar seus habitantes em uma cidade para seus cidadãos. A característica de sociabilidade de uma cidade tem no pedestre uma forte ligação e na sua ação de caminhar, o meio para realização.

Uma importante jornalista e pesquisadora definiu as ruas e as calçadas como os principias lugares públicos da cidade. São nessas ruas e calçadas que os pedestres devem estar e não isolados[36]. Ao mesmo tempo em que os pedestres também têm que seguir preferencialmente pelas suas vias, que podem ter várias denominações: (passeio, rua de pedestres, calçadas), a função destas não deve ser outra a não ser de servir para o caminhar

---

36 Jacobs (2000).

Transportar é Preciso!

(ou, para os engenheiros, deslocamento) dos pedestres de uma forma segura e confiável a estes.

Agora, você já conseguiu sair da sua casa e chegar até seu trabalho, estudo, comércio ou lazer sem ter que ir para a rua e arriscar ser atropelado por uma moto, carro ou ônibus? Ou você seguia pelo seu caminho, e de repente, acabou a calçada.

Quantas vezes você, dirigindo pela cidade, teve que sair da rua e ir para a lateral pois o asfalto não tinha condições de trafegar ou simplesmente você atravessou um cruzamento e acabou o asfalto!

A concepção do espaço público é o local comum onde o povo leva a cabo as atividades funcionais[37]. No caso, o pedestre é a molécula que faz parte de todo o sistema de transporte a sua volta e do espaço público. E, ao mesmo tempo, ele é indivíduo com necessidades, percepções e vontades. Para ele faltam soluções simples para que possa viver integrado à sociedade em que reside.

O pedestre é negligenciado porque quando se pensa em melhorias para a mobilidade, prevalecem os novos projetos de engenharia viária para os veículos, depois as obras para o trans-

---
37 CARR, 1992.

Adriano Paranaiba e Eliezé Bulhões

porte público. Dificilmente se observam projetos de melhoria viária para a circulação dos pedestres e aumento de sua acessibilidade aos outros modos de transporte.

Além disso temos as seguintes desculpas básicas: vamos fazer umas obras na rua ou na nossa casa, utilizo a calçada como parte do canteiro da obra.

O vendedor ambulante invade a calçada por não ser de ninguém mesmo para vender seus produtos. Esses são exemplos de ocupação temporária.

E quando você se depara com uma calçada estreita, em que não é possível duas pessoas cruzarem em sentido contrário ocupada por: uma cesta de lixo, ou um poste de iluminação, ou uma placa de sinalização. Difícil, não?

O espaço das cidades brasileiras virou um grande canteiro de obras para a mobilidade de veículos. E não estou falando somente de veículos motorizados. Na sua cidade, ou em uma cidade próxima, a prefeitura se orgulha do projeto de ciclovia em construção, mas se esquece de consertar, construir ou alargar as calçadas.

Um exemplo: em Brasília foi construída uma rede de ciclovias que conta atualmente com mais de 400km. Hoje, em muitos lugares os ciclistas dividem a ciclovia com os pedestres que querem somente ter uma via decente para utilizar. É comum no final da tarde nos bairros ver a ciclovia cheia de pedestres de todas as idades passeando com carrinhos de bebês, cachorro, com sacolas de compras, e muito próximo uma calçada vazia devido ao mal estado de conservação.

Todos, em algum período do dia, são pedestres. É a forma mais natural e primitiva de se encurtar distâncias. Antes da invenção da roda o homem realizava todos os seus percursos a pé. Por esse caráter natural não se faz necessário realizar provas de

Adriano Paranaiba e Eliezé Bulhões

aptidão, exames psicotécnicos ou licenças para o pedestre realizar suas viagens.

Formas de melhorar a qualidade das vias dos pedestres devem objetivar a melhoria das suas condições de circulação, garantindo sua segurança, na perspectiva de diminuir o número de atendimentos médicos em hospitais por decorrência de acidentes de trânsito (leia-se atropelamentos). Mais de 3.000 pedestres são atendidos anualmente em hospitais vítimas de acidentes de trânsito na Austrália. No Distrito Federal os números de falecimentos por atropelamentos são superiores a 100 por ano. E Brasília tem uma campanha de paz no trânsito com mais de 20 anos!

Calçada: a sua inexistência pode tornar inacessível o ponto de parada para muitos usuários, especialmente os com mobilidade reduzida, denotando o isolamento do ponto e sua falta de ligação com o sistema de circulação dos pedestres. A qualidade da calçada pode também ser considerado um atributo, pois se a calçada estiver em péssimas condições ou com inúmeras barreiras ao longo do caminho, dificulta o acesso ao ponto de parada.

Em 2002 uma reportagem do jornal Correio Brasiliense descreveu a situações das calçadas:
As calçadas estão como doentes em estado grave: precisam de cuidados urgentes. Elas estão entupidas não de gente, mas de

barracas de camelôs, a cada palmo de chão, encontram-se também lonas esticadas sobre as quais outros comerciantes informais vendem bugigangas de todo tipo[38].

Passados mais de 15 anos e depois de uma Copa do Mundo e Olimpíadas realizadas no Brasil e todo o legado deixado, você acha que sua cidade em relação à qualidade das calçadas melhorou, está igual ou piorou?

Se você acha que melhorou, parabéns, pode pular o resto do capítulo. Você merece usufruir da sua cidade! Mas se você está no mesmo caso em que eu, que tal avaliar a ideia de melhorar as calçadas?

1. Seria a falta de recursos financeiros o problema da mobilidade urbana no Brasil?

Há uma diversidade de estudos que apontam que municípios têm grande necessidade de recursos, e que sempre precisam de verba do governo federal. Outra gama gigantesca de estudos demonstra que, sendo o transporte composto por bens públicos, com maior foco no benefício social do que no retorno financeiro, fica inviabilizada a questão do financiamento, tornando seu custeio um grande paradoxo. Como defender, então, que não falta dinheiro?

Partirei de um ponto que muitos enxergam como a origem dos problemas: a questão tributária. O primeiro tabu que precisa ser quebrado é o de que os municípios são mais prejudicados que os estados ou que a União na distribuição dos impostos. Os impostos e tributos que cabem aos municípios são os que possuem a maior estabilidade de receita. Os Estados dependem do desempenho do comércio, recebendo impostos como o ICMS ou o IPVA. A União depende do comportamento da renda, que também está ligada à atividade econômica. Enquanto isso, os municípios dependem, principalmente, da arrecadação do IPTU, que incide sobre imóveis – que, com ou sem crise, continuarão existindo.

Por que o senso comum é o oposto disso? Mesmo sendo um imposto que a maioria das prefeituras do Brasil adota como regime progressivo – ou seja, a alíquota varia de acordo com o

---
38 HILÁRIO (2002).

valor do imóvel – o IPTU costuma ter altos índices de inadimplência. As prefeituras de Palmas e de Manaus, por exemplo, registraram em 2015 inadimplência de 44% e 50%, respectivamente. O grande desafio das prefeituras está em mostrar ao cidadão a importância desta contribuição. Infelizmente, muitas delas buscam esse imposto de forma coerciva, ameaçando tomar a propriedade dos inadimplentes. Acredito que a forma como é pensado o IPTU causa esta sensação de injustiça. Visto que o valor do imóvel é calculado por meio de estimativas durante a definição do Plano Diretor, o que se percebe é que, se a prefeitura estiver precisando de mais arrecadação, ela acaba revisando o Plano Diretor com o objetivo de aumentar o imposto, sem explicar ao cidadão o porquê disto estar ocorrendo. É necessário que a prefeitura deixe claro que o IPTU é uma fonte de recursos para prover mobilidade urbana – e não é fazendo campanha publicitária que ela vai conseguir isso.

Para implantar projetos de mobilidade urbana, as prefeituras, sem recursos do IPTU, acabam por demandar empréstimos – seja do governo federal, seja de Agências de Cooperação Internacional (BIRD e Banco Mundial). No final das contas, o aumento do valor de IPTU é inevitável, para pagar os empréstimos contraídos.

Uma ferramenta de financiamento de origem urbanística que vem sendo utilizada nos investimentos em mobilidade urbana é a Operação Urbana Consorciada. Nesta modalidade, o setor público, ao definir o zoneamento urbano, estabelece no Plano Diretor a relação entre área edificável e área do terreno. Esse quociente é chamado de coeficiente de aproveitamento básico (CAB). Sobre o coeficiente de aproveitamento é oferecida a possibilidade de edificar acima do CAB, constituindo um potencial adicional construtivo, mediante uma contrapartida, que é a Outorga Onerosa do Direito de Construir. Esse, tal qual um potencial adicional construtivo, é convertido em títulos mobiliários, os Certificados de Potencial Adicional de Construção (Cepacs), que são vendidos em leilões ou licitações públicas, fiscalizados pela Comissão de Valores Mobiliários (CVM). O problema atual no Brasil é que o mercado secundário nacional de negociação desses títulos ainda é incipiente: como exemplo, o Porto Maravilha, na cidade do Rio de Janeiro, precisou contar com a alavancagem da

Transportar é Preciso!

Caixa Econômica Federal na compra desses títulos, e atualmente enfrenta problemas na venda dos CEPACs. Para resolver esse problema não é necessário reinventar a roda. Alguns países já possuem uma forma mais inteligente de estruturar seus impostos sobre a propriedade, beneficiando a mobilidade urbana e deixando claro aos cidadãos onde o dinheiro dos impostos sobre propriedade está sendo investido. Os melhores exemplos são conhecidos por Land Value Capture, ou em bom português, Ganhos em Valores das Propriedades.

O objetivo central do Ganho em Valores das Propriedades é possibilitar que o poder público recupere o dinheiro investido em transporte com o aumento no valor dos imóveis que seguirá esse investimento – valorizando a oferta local de serviços públicos, melhorando acessibilidade ou construindo, por exemplo, uma linha de metrô. Dessa forma, a cobrança do IPTU poderia variar conforme a valorização do próprio imóvel pelos benefícios decorrentes das obras realizadas, pautados na variação do valor do imóvel, e não na necessidade de fluxo de caixa da prefeitura.

Existem três mecanismos para adquirir ganhos em valores de propriedades: (i) Betterment Tax (taxas de melhorias); (ii) Tax Increment Financing (financiamento do incremento do imposto), e; (iii) Joint Development Mechanism (mecanismo de desenvolvimento conjunto).

As taxas de melhorias (Betterment Tax) são calculadas a partir da melhoria de acessibilidade e da redução de congestionamento, cobradas diretamente dos proprietários de imóveis das áreas beneficiadas. A vantagem neste mecanismo está na redução da carga de financiamento para realizar essas melhorias. O metrô de Hong Kong é lucrativo desde 1982, em grande parte devido ao aumento do valor da terra ao longo das suas linhas.

O financiamento do incremento do imposto (Tax Increment Financing) é um mecanismo baseado no uso antecipado de futuros aumentos de receita, com impostos para financiar melhorias de infraestrutura hoje. Em Chicago, por exemplo, a estação Washington Randolph e o metrô Dearborn Metro-Lake /

Adriano Paranaiba e Eliezé Bulhões

Wells receberam, respectivamente, U$13,5 milhões e U$1,2 milhões de impostos fundos de incremento.

O mais simples dos três (mas não menos importante), o mecanismo de desenvolvimento conjunto (Joint Development Mechanism) funciona com a cooperação e partilha dos custos entre o ente público e o privado. Trata-se de uma colaboração que pode ocorrer em diversas fases do projeto: financiamento, construção, operação ou manutenção. Washington, por exemplo, oferece propriedades para uso residencial e de atividade comercial próximo e acima das estações de metrô, além de promover a venda e o arrendamento de terras, assim como "direitos de ar", onde terrenos com construções menores vendem seu direito de construir. Em 1999, esses arrecadaram mais de US$ 60.000 mil dólares. Em 2003, foi estimado um acréscimo de cerca de US$ 150 milhões.

Exemplos práticos da Captura de Valor da Propriedade são vistos na Polônia desde 1920, e, mais recentemente, em Chicago, Washington, Londres e Hong Kong, onde os recursos do imposto são direcionados para investimentos e manutenção de transportes.

O uso de Ganho de Valores de Propriedade poderia substituir a coercibilidade das penalidades dos inadimplentes ao incentivar o cidadão a entender a importância desta contribuição: proprietários de imóveis observam o valor da propriedade aumentar pelo incremento de equipamentos urbanos, tornando os imóveis atraentes ao mercado imobiliário, promovendo aumento de procura e de aluguéis. Como um efeito causa e consequência, o aumento da arrecadação do IPTU pode ser visto como resultado espontâneo dos agentes econômicos que movem a cidade: as pessoas.

2. Receitas não operacionais

Receitas Acessórias ou não-operacionais são possíveis com a exploração econômica de ativos disponíveis e que não compõem a operação, por exemplo o metrô de São Paulo, cidade do México, Santiago do Chile e Lisboa que possuem[39]:

- Espaços destinados à comercialização de mídia que contemplam painéis em estações e trens, invólucro dos bloqueios; TV nos trens; espaços para adesivação em estações e trens;

- Shopping Centers;

- Terceirização de terminais rodoviários;

- Receita com locação de espaços para instalação de antenas das operadoras de telefonia celular, o que permite que o usuário do Metrô possa utilizar os aparelhos celulares no interior das estações e trens.

- Lojas;

- Exploração de áreas remanescentes das construções do Metrô cedidas para implantação de estacionamentos e outros pequenos negócios.

Estas ações podem ser disseminadas para os demais modos como BRTs, ciclovias, bicicletários, VLTs, até mesmo rodovias e aeroportos, por que não? Deixe a iniciativa privada fazer o que sabe de melhor: encontrar oportunidades de receita.

3. Galerias Técnicas

As Galerias Técnicas são uma oportunidade de geração de receita para a manutenção dos equipamentos urbanos não tarifáveis, como por exemplo as calçadas. A lei Municipal nº 14.023/2005 da cidade de São Paulo determina que as empresas de Utilities (Companhias fornecedoras de água, luz, telefonia, TVs a cabo e gás) desloquem suas redes para o subterrâneo. Também tramita no senado

---

39 FISCHER, L.C. A implantação de comércio e serviços em estações de transporte de alta capacidade. Um estudo sobre a adequação de estações metroviárias à luz dos resultados da avaliação pós-ocupação. Dissertação (Mestrado em Tecnologia da Arquitetura). USP. São Paulo – SP. 189p. 2013.

os projetos de Lei nº 37/2011 e nº 5.858/2013 que demonstram que a trasladação pode tornar-se obrigatoriedade nacional.

Duas formas de obedecer a essa lei: fazendo valas nas calçadas enterrando tudo (infelizmente a opção adotada) ou a construção de galerias técnicas. Os custos para implantação das galerias podem ser um problema, mas possuem uma grande vantagem: baixos custos de manutenção em metro linear/ano de malha subterrânea. Assim, as galerias técnicas podem assumir uma característica de solução de problemas das empresas de Utilities, locando-as por um custo menor que a manutenção subterrânea sem as galerias, e transformando-se em uma fonte de receitas.

Comparativo custos operacionais (R$/metro linear ano)[40]

CUSTOS MÉDIOS OPERACIONAIS COM GALERIAS TÉCNICAS (R$/METRO LINEAR ANO)		CUSTOS MÉDIOS OPERACIONAIS SEM GALERIAS TÉCNICAS (R$/METRO LINEAR ANO)	
Rede de água	Rede de energia elétrica	Rede de água	Rede de energia elétrica
66,80	65,70	245,34	106,15

Fonte: Lancellotti e Marins (2015)[41]

Uma redução de custos pode tornar atraente à iniciativa privada envolver-se na gestão das galerias, além de tornar mais competitivo o mercado das Utilities: mais empresas locando, mais renda, mais empresas vão querer fazer galerias. O ciclo virtuoso que só a competição pode tornar real – Obrigado Mercado!

---

40 No ano de 2015.

41 LANCELLOTTI, L. H.; MARINS, K. R. C. C. Análise da aplicação de galerias técnicas em área integrante da operação urbana Água Branca, em São Paulo. Revista Ambiente Construído, 15 (1), p. 63-77. 2015.

Transportar é Preciso!

4. Considerações finais

As famosas 'Falhas de mercado' tornam-se oportunidades ao olho clínico empreendedor do empresário, que tem que conviver com incertezas que podem comprometer sua existência. Enquanto isso, por outro lado, os gestores governamentais não são afetados com o fracasso de suas políticas públicas, apenas avaliam-se os resultados para a decisão em implementar novas políticas públicas que sanem as distorções causadas pelas antecessoras. Assim, investimentos e gestão por parceiros privados podem revelar-se menos suscetíveis aos riscos de logrolling e do rent-seeking, dada que a efetivação de retorno financeiro, bem como sua maximização de resultados só será possível caso o investimento seja bem-sucedido.

Receitas acessórias, implantação de galerias, ganho de valor de propriedades, permitem que surjam novas fontes de renda, que não sejam as tarifas e impostos. Quanto mais renda a estação de metrô, ou o ponto de ônibus precisar, a única saída é aumento do preço do bilhete, caso não existam outras fontes de renda. Quanto mais vias forem necessárias, mais o valor do IPTU aumenta.

Capítulo V
O que foi feito com as ferrovias brasileiras e o que não foi feito no setor aéreo

Neste capítulo, meu amigo leitor, vamos conversar um pouco sobre dois modos de transporte que têm uma diferença de idade de quase de 100 anos e que tomaram caminhos bem diferentes. De um lado, o irmão mais velho, as ferrovias e a sua importância para o século XIX em termos de modernidade e capacidade de deslocar pessoas e cargas de forma rápida e segura.

Do outro lado, a aviação, o irmão mais novo entre todos os modos de transporte: criado por Alberto Santos Dumont (1873-1932), em 1906 com o voo do 14-bis, o avião garantiu à humanidade uma possibilidade até então nunca imaginada: percorrer grandes distâncias sem problemas geográficos e com uma rapidez impossível para os outros modos de transportes.

A nossa viagem começa no século XIX, as primeiras linhas ferroviárias surgiram no Brasil no final do século XIX e o auge da sua expansão foi na primeira metade do século XX. Desde então, o país reduziu significativamente os investimentos neste setor que, ao longo do tempo, foi perdendo força para o transporte rodoviário no transporte de cargas e passageiros. A última grande reforma do setor ferroviário aconteceu em meados dos anos 1990 quando quase sua totalidade foi concessionada para a iniciativa privada. Esses contratos tinham duração de 30 anos podendo ser renovados por igual período.

O desenho contratual adotado nos anos 90 cedia as concessionárias exclusividade geográfica e não trazia incentivos concorrenciais e regulatórios para que as empresas realizassem investimentos de ampliação e renovação da malha existente. Desta forma as empresas que atualmente atuam no setor não têm incentivos para investir na malha, criando um sistema ineficiente. Nos últimos anos houve discussões sobre qual o modelo a ser adotado no sistema ferroviário brasileiro tanto por meio de aprimoramento das regras do sistema já concedido quanto para a adoção de novas regras para novos investimentos. Foi discutida a adoção do modelo de concessão horizontal por meio da segregação do administrador da via e também o operador ferroviário. Porém, de fato, tais discussões não acarretaram na implantação do modelo.

Com o intuito de subsidiar discussões e poder entender quais foram as principais barreiras que esse setor enfrentou em sua trajetória, este capítulo apresenta a evolução histórica das ferrovias e explica como se deu a implantação deste modo de transporte no Brasil. Ao final, se propõe uma discussão sobre a falta de eficiência econômica que dificulta o crescimento da utilização deste modo de transporte.

1. O irmão mais velho: Evolução histórica das ferrovias

A primeira locomotiva a vapor do mundo surgiu na Inglaterra, no ano de 1804 e foi criada pelo engenheiro Richard Trevithick (1771-1833). A primeira linha férrea em operação tinha a extensão de 61 km e foi construída para desviar o transporte do curso do Rio Tees, nos Estados Unidos.

No Brasil, a história das ferrovias se inicia na época do Governo Imperial, em 1828, que autorizou a construção e exploração de estradas em geral com o propósito de interligar as diversas regiões do país. Em 1835, com a Lei Geral nº 101, foram concedidos privilégios para a construção de estradas de ferro entre o Rio de Janeiro e as demais províncias. Com isto, em 1839 surge a primeira concessão de estradas de ferro no Brasil, o médico Thomas Cochrane (1805-1873) consegue então a concessão para construção de uma estrada de ferro que ligaria o Rio de Janeiro a São Paulo, o que de fato nunca se concretizou por falta de recursos para o investimento.

No ano de 1852, o decreto nº 651, também conhecido como Lei da Garantia de Juros, concedia às empresas nacionais e estrangeiras vantagens, tais como, isenções e garantias de juros sobre o capital investido. Este decreto era uma possível tentativa de incentivo ao investimento por parte de empresas de capital privado. O que de fato veio acontecer dois anos depois, no ano de 1854, quando o então empresário Irineu Evangelista de Souza (1813-1889), que no mesmo ano recebeu o título de Barão de Mauá e em 1874 o de Visconde de Mauá, constrói a primeira ferrovia brasileira. Um trecho de 14,5 km que ligava o Porto de Estrela a Raiz da Serra de Petrópolis. Esta ferrovia não era econômica, estratégica e nem sequer política. Nos anos seguintes as concessões foram dadas de acordo com a vontade e a influência das pessoas.

Em 1866 a primeira ferrovia em São Paulo foi construída pelos barões do café e empresários de São Paulo que compuseram a Companhia Paulista de Estradas de Ferro. Em 1877, surge, finalmente, a ligação de ferro entre São Paulo e Rio de Janeiro.

Neste período, os investimentos em estradas de ferro foram feitos essencialmente por capital privado que tentava, por iniciativa própria, investir em uma nova tecnologia que pudesse facilitar o desenvolvimento econômico de seus setores. E, de fato, neste período os trens estimularam o processo de industrialização, povoamento do interior do país e incentivo à imigração.

Ao longo do tempo o então Império passou a construir e a participar como acionista das ferrovias, mais precisamente no ano de 1889, quando então monarquia, o Estado possuía 3.200 km de ferrovias. E ao contrário do que deveria ser, afinal o Estado detinha parte importante das ferrovias, diversos problemas foram gerados pela falta de gerenciamento governamental. Mesmo com a influência direta do investimento público problemas como grande diversidade de bitolas, traçados sinuosos e extensos permearam a construção das ferrovias que influenciam até os dias atuais na falta de eficiência deste modo de transporte.

Já no século XX, durante o Governo Vargas, as ferrovias atingiram o seu auge. Neste período foi criada a Inspetoria Federal de Estradas (IFE), que mais tarde passou a ser o Departamento Nacional de Estradas de Ferro (DNEF), cujas funções foram absorvidas pela Secretaria- Geral do Ministério dos Transportes e pela Rede Ferroviária Federal S.A. (RFFSA). Nos anos 1940, a malha ferroviária já enfrentava diversos problemas, tais como, pesadas condições técnicas dos troncos principais, predomínio da bitola estreita, locomotivas de potência fraca, oficinas mal aparelhadas, traçados antieconômicos das ferrovias (que fez com que os trens tivessem velocidade reduzida e, consequentemente, inviável economicamente).

A RFFSA foi criada em 1957 pela Lei nº 3.115 que passou a administrar 18 estradas de ferro da União. Estradas estas que juntas somavam 30.000 km dos 37.000 km que existiam no Brasil. Neste período, 90% do déficit público brasileiro advinha das ferrovias. Desta forma a RFFSA surgiu com a finalidade de administrar, explorar, conservar, reequipar e ampliar as estradas de ferro da União. Para que isto de fato acontecesse a Lei nº 2.975 de 1957 passou a conceder à RFFSA 10% de participação do imposto único sobre combustíveis líquidos e gasosos (IUCLG).

Em 1962 a Lei nº 4.102 criou o Fundo Nacional de Investimento Ferroviário (FNIF), administrado pelo DNEF, que possuía 3% da receita tributária da União. O Decreto-Lei nº 7.634/1945, ratificado pelo Decreto nº 55.651/1965 direcionava taxas de melhoramento para o fundo e criava uma sobretaxa de 10% sobre as tarifas ferroviárias. No ano de 1969, após mais alguns decretos, o setor ferroviário chegou à seguinte situação: o Fundo Federal de Desenvolvimento Ferroviário, mediante participação da RFFSA, detinha 8% do IUCLG e 5% dos impostos de importação do país.

O regime militar herdou uma situação em que as ferrovias já estavam com diversos problemas. As vias permanentes sem conservação, falta de lastro e de dormentes, trilhos velhos e fracos, material rodante e de tração insuficientes, além de velhos e deteriorados, traçados impróprios com curvas de pequenos raios e rampas com taxas excessivas, capacidade de tráfego insignificante, bitolas diferentes e excessivas baldeações. Isso tudo dificultou ainda mais o progresso do setor.

Ainda durante o regime militar, em 1984, a RFFSA não conseguia gerar recursos suficientes à cobertura de serviços da dívida contraída. A RFFSA foi a partir daí afastada dos transportes urbanos e quem assumiu foi a Companhia Brasileira de Transporte Urbano (CBTU), cujo o objetivo era o de facilitar a obtenção da melhoria da rentabilidade operacional e a eventual atração de capitais privados.

No ano de 1987, o presidente José Sarney, cria a VALEC - Engenharia, Construções e Ferrovias S.A, que tem como intuito construir, operar e explorar estradas de ferro, bem como coordenar e articular ações de desenvolvimento do Brasil central. Para isso, ela inicia a construção da estrada de ferro – EF-151, denominada Ferrovia Norte-Sul – FNS, no trecho de Açailândia (MA) – Porto Franco (MA), obra esta que durou nove anos para executar 215 km dos 1.550 km previstos inicialmente. A ideia inicial da Ferrovia Norte-Sul (FNS) era ter sua saída para o mar aproveitando a Estrada de Ferro Carajás com a sua interligação na cidade de Açailândia (MA) indo em direção ao Porto de Itaqui (MA).

Em 1990, a Lei nº 8.031 institui o Plano Nacional de Desestatização - PND. Com isto, em 1992, a RFFSA é incluída no PND. Nos anos seguintes as receitas operacionais da RFFSA eram inferiores às despesas operacionais em mais de R$ 150 milhões. A lei nº 8.987 e a lei 9.074 de 1995 favoreceram as desestatizações por disporem sobre o regime de concessão e permissão dos serviços públicos.

A desestatização da RFFSA teve início diferente por ter grande volume de pendências e restrições técnicas e jurídicas. O modelo adotado iniciou-se com a licitação, no mesmo leilão, da concessão do serviço de transporte ferroviário de cargas; arrendamento dos ativos operacionais e a venda de bens de pequeno valor de propriedade da RFFSA; houve a manutenção da empresa como estatal encarregada de administrar seus ativos não-operacionais, visando ainda amortizar o seu endividamento.

Em 2008, com a publicação da Lei nº 11.772, de 17 de setembro de 2008, foram incorporados ao traçado original da FNS os trechos de Barcarena (PA) a Açailândia (MA) e de Ouro Verde (GO) a Panorama (SP). A inclusão do trecho até o porto de Barcarena (PA) se justifica pela necessidade de criação de uma ferrovia que não fique dependente da Estrada de Ferro Carajás (EFC) de propriedade da empresa privada Vale que a utiliza para o escoamento de sua produção de minério de ferro até o porto de Itaqui (MA). Sem a alternativa de saída da FNS pelo porto de Barcarena (PA) essa ficará sem opção para o escoamento das cargas do Centro-Oeste, uma vez que a Vale não tem previsão de concluir as obras de duplicação da EFC.

Atualmente a FNS tem previsão de literalmente ligar o Brasil de Norte (Porto de Barcarena (PA)) até o Sul (Porto de Rio Grande (RS)) e, para isso, contratou uma série de estudos de viabilidade econômica e iniciou as obras para continuar rumo ao sul na direção da cidade de Panorama (SP). A figura 4 apresenta um esquemático da FNS.

Figura 4 - Ferrovia Norte Sul. Fonte (Valec, 2016)

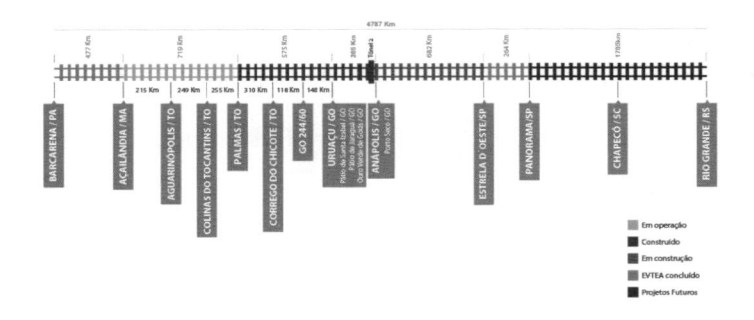

Do traçado previsto no século XX, o mesmo foi concluído em 2014, mas somente entrou em operação em 2015, passados mais de 26 anos de seu início. De acordo com informações disponibilizadas no site da VALEC, no trecho entre as cidades de Anápolis (GO) e Palmas (TO) faltam terminais de cargas para maior utilização do mesmo.

Não obstante, toda a dificuldade enfrentada por essa empresa pública para a construção da FNS, o governo ainda coloca em sua responsabilidade a construção de mais outras ferrovias, dentre elas a EF-344, Ferrovia de Integração Oeste-Leste (FIOL) com extensão de 1.527 km que ligará a cidade de Ilhéus (BA) até Figueirópolis (TO) e a EF-354, Ferrovia de Integração Centro-Oeste (FICO) com extensão de 4.768 km que ligará as cidades de Campos dos Goytacazes (RJ) até a cidade de Cruzeiro do Sul (AC). Com todo o interesse político do governo para dinamizar o setor ferroviário e sua capacidade de execução orçamentária e técnica foi possível construir, aproximadamente, 1.550 km em 26 anos, então para executar somente essas duas ferrovias serão necessários cerca de 105 anos. Isso sem contar com a conclusão da FNS e outras ferrovias que atualmente fazem parte do portfólio da VALEC (figura 5).

Figura 5 - Mapa de Ferrovias de responsabilidade da VALEC

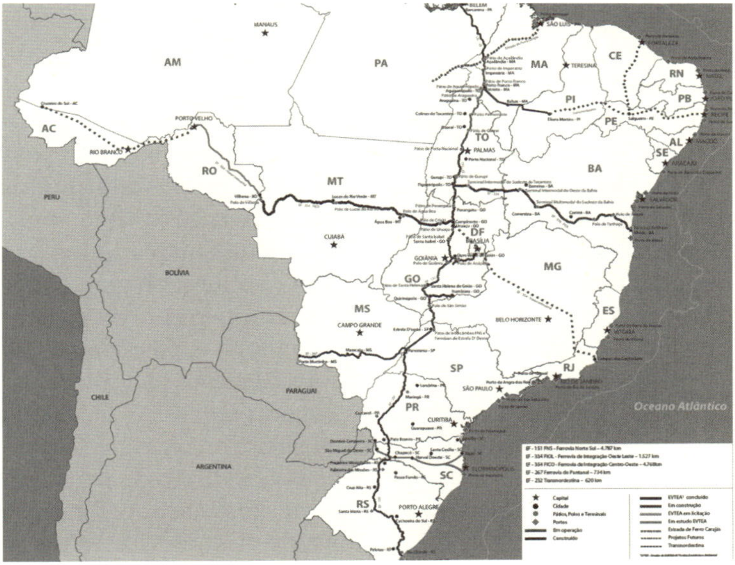

Fonte: Valec, 2016.

Transportar é Preciso!

2. Evolução das ferrovias no Brasil: Perspectiva econômica

O setor ferroviário brasileiro passou, ao longo de seus mais de 100 anos de existência, por diversas reformas operacionais e de gestão, tendo ao longo desse tempo, períodos áureos, no qual era uma das espinhas dorsais do sistema de transporte do Brasil, e períodos de crise, com o sucateamento e desativação de grandes trechos da malha. A década de 1990 foi o período em que o setor ferroviário brasileiro passou por sua última grande reforma, quando as ferrovias foram concessionadas pelo governo federal. O setor, à época, era gerenciado pelo Estado Brasileiro, tendo como principal ente a Rede Ferroviária Federal S.A. (RFFSA), além da existência de malhas geridas por empresas estaduais, como a Ferrovia Paulista S.A. (Fepasa) e a Estrada de Ferro Paraná Oeste S.A. (Ferroeste).

A RFFSA foi incluída no Plano Nacional de Desestatização (PND) em 1992, como forma de recuperar o setor, que passava por forte crise financeira (assim como o país como um todo) e cuja infraestrutura se deteriorava fortemente. As malhas da Fepasa e da Ferroeste foram transferidas para o governo federal, que as incluiu no processo de desestatização ferroviário (BNDES, 1997).

O modelo adotado foi o verticalizado, em que a empresa que ganhasse o processo licitatório seria responsável por manter e administrar toda a malha ferroviária integrante do lote adquirido, além de ter o monopólio comercial e operacional das cargas a serem transportadas nesta. Os contratos são válidos por 30 anos, podendo ser renovados por mais outros 30, de acordo com a conveniência do poder concedente.

O principal dispositivo legal que dá as diretrizes para o setor é o RTF – Regulamento de Transporte Ferroviário, por meio do Decreto nº 1.832/1996. O RTF foi publicado dias antes da realização do leilão da primeira malha férrea e, alguns termos do decreto, estão refletidos nos contratos de concessão ferroviária assinados na década de 1990. Pode-se comentar, como um dos principais instrumentos refletidos, a possibilidade de interoperabilidade entre as malhas por meio da utilização preferencial do mecanismo de tráfego mútuo em detrimento do direito de passagem.

Adriano Paranaiba e Eliezé Bulhões

Pelo tráfego mútuo, um concessionário A ao transportar uma carga sob a administração de um concessionário B, deverá, quando adentrar na área administrada pelo concessionário B, desacoplar a locomotiva pertencente a concessionária A e acoplar uma locomotiva do concessionário B, que será o responsável por completar o transporte da carga até o destino final. Caso o transporte fosse realizado por meio do mecanismo de direito de passagem, o concessionário A adentraria com sua locomotiva e vagões em vias administradas pelo concessionário B e entregaria a carga diretamente para o destinatário final. É notório que o processo de tráfego mútuo possua maior ineficiência do que o processo de direito de passagem. Quando da troca de locomotivas, há a perda de tempo despendido para realizar o processo de acoplagem e desacoplagem de locomotivas, além do tempo parado. O processo também exige duplicidade de equipamentos, pois torna necessária a disponibilização de duas locomotivas, e exige uma maior quantidade de pessoal na operação, para realizar o processo de troca e operação dos equipamentos. Além disso, para ocorrer o tráfego mútuo ou o direito de passagem é necessário que sejam adquiridas janelas de tráfego para utilização da via férrea. Essas janelas garantem a passagem do comboio ferroviário sem necessidade de parada para aguardar o uso da via pelo concessionário do trecho.

Entretanto, a disponibilidade de capacidade ociosa em vias férreas são bens escassos, pois diversas ferrovias possuem baixa disponibilidade de janelas de tráfego. A solução para essa situação seria o investimento para ampliação da capacidade da via, cuja expansão significa, em vários casos, a realização de obras como a retificação, duplicação e modernização da tecnologia de comunicação utilizada, em especial pelo fato de grande parte da malha brasileira ter sido construída na primeira metade do século XX. Atualmente, não existem grandes incentivos econômicos para alterar essa situação.

Ademais, o desenho contratual adotado quando da concessão ferroviária ocorrida nos anos de 1990 não incentivou o concessionário a ampliar a oferta e as condições operacionais na malha por este administrada. Procurou-se, na época, estimular o investimento do concessionário por meio da imposição de três obrigações contratuais: meta anual de redução do volume de acidentes; meta de produção de transportes; manutenção da infraestrutura ferroviária nas mesmas condições recebidas. Os investimentos extras feitos pelos concessionários, ao advento do prazo contratual, não ensejariam amortização em prol do concessionário, salvo mediante autorização expressa do ente regulador. Situação última que, em razão do elevado tempo de amortização dos investimentos, contribuiu para desestimular a ampliação da capacidade e a modernização da malha férrea brasileira.

Apesar das ineficiências inerentes ao processo, houve interessados em realizar o processo de tráfego mútuo e direito de passagem em vias férreas brasileiras, especialmente naqueles trechos que permitem acesso às áreas portuárias.

O modelo de concessão adotado não estimulava a concorrência inter-regional, pois impossibilitava a captação de cargas em áreas de exploração sob a administração de outra concessionária de ferrovias.

Foram leiloados 25.599 km de ferrovias entre 1995 e 1999, quase a totalidade da malha brasileira, que é de aproximadamente 28.000 km (ANTT, 2009). Duas estradas de ferro, a Estrada de Ferro Carajás (EFC) e a Estrada de Ferro Vitória a Minas (EFVM), foram repassadas em 1997 à companhia mineradora Vale (então chamada Vale do Rio Doce), por serem essenciais para o desempenho de suas atividades produtivas (ANTT, 2013). As malhas foram divididas regionalmente e foram concedidas para sete empresas.

A Ferronorte S.A. – Ferrovias Norte Brasil, empresa que recebeu a concessão de 90 anos para construção e exploração de ferrovias para interligar os estados de São Paulo a Rondônia – via Mato Grosso e Mato Grosso do Sul, havia sido concedida em 1989. A Ferronorte integrava o consórcio vencedor da Malha Paulista e, desta forma, passou a integrar a Ferroban após 1998

Em 2002, foi criada a Brasil Ferrovias S.A., resultante da fusão das ferrovias Novoeste e Ferroban. Em 2006, por questões comerciais e financeiras, a Brasil Ferrovias S.A. foi adquirida pela ALL. Logo após, os trechos correspondentes às ferrovias integrantes do grupo adquirido tiveram os seus nomes alterados para ALL – Malha Paulista (ALLMP), ALL – Malha Oeste (ALLMO) e ALL – Malha Norte (ALLMN). A malha original da ALL recebeu o nome de ALL – Malha Sul (ALLMS). Destaca-se que a empresa passou a ser uma das maiores atuantes do setor ferroviário brasileiro, detendo 13.000 quilômetros de ferrovias existentes no Brasil.

Importante pontuar que a Vale era uma das acionistas minoritárias da Ferrovia FCA, detendo 12,5% de participação sob a participação da Mineração Tacumã LTDA, empresa que estava sob o seu controle acionário. No ano de 2003, a Vale, a exemplo da ALL, ampliou a sua participação no setor ferroviário brasileiro, por meio da aquisição do controle acionário da FCA (FCA, 2013).

Assim, no ano de 2007, passou a ser a subconcessionária do Tramo Norte da Ferrovia Norte-Sul, entre Palmas (TO) e Açailândia (MA), um trecho de 720 km que conecta com a Estrada de Ferro Carajás que já estava sob o seu controle.

Como consequência dos processos de fusão e aquisição realizados ao longo da década de 2000, tem-se a existência de três grandes grupos empresariais, que concentram a atividade de transporte ferroviário brasileiro: ALL (América Latina Logística); Vale, por meio da Ferrovia Centro-Atlântica, EFVM e EFC; e MRS Logística. Juntas estas ferrovias administram aproximadamente 84,60% da malha ferroviária brasileira.

Quadro 1 - *Concessionárias ferroviárias do modelo verticalizado*

MALHAS REGIONAIS	CONCESSIONÁRIAS	EXTENSÃO (KM)
Oeste	Ferrovia Novoeste S.A.	1.621
Centro-Leste	Ferrovia Centro-Atlântica S.A. (FCA)	7.080
Sudeste	MRS Logística S.A.	1.674
Tereza Cristina	Ferrovia Tereza Cristina S.A.	164
Sul	ALL – América Latina Logística do Brasil S.A.	6.586

Transportar é Preciso!

MALHAS REGIONAIS	CONCESSIONÁRIAS	EXTENSÃO (KM)
Nordeste	Companhia Ferroviária do Nordeste	4.238
Paulista	Ferrovias Bandeirantes S.A. (Ferroban)	4.236
Total		**25.599**

Fonte: ANTT (2013).

Entre o período de 2012 a 2015 aventou-se a alteração do modelo de concessão e operação ferroviária no Brasil, substituindo o modelo vertical, utilizado nos anos 1990, para o modelo horizontal conhecido como unbundling open access.

De forma a reduzir a concentração de mercado no segmento ferroviário brasileiro e a expandir a infraestrutura disponível, está sendo proposto pelo governo federal um novo modelo de concessão ferroviária, por meio da segregação vertical do setor. Nesta tem-se a separação entre o ente mantenedor da infraestrutura e o ente operador do sistema, sendo mais conhecido pela nomenclatura de unbundling.

Tal modelo é amplamente utilizado no transporte ferroviário da União Europeia, que é destinado primordialmente para o transporte de passageiros. O unbundling foi adotado inicialmente pela Suécia e pela Grã-Bretanha e, a posteriori, foi imposto de maneira compulsória aos demais países integrantes da União Europeia (World Bank, 2011).

Há poucas experiências na adoção do unbundling por países em que o transporte ferroviário é majoritariamente utilizado para o transporte de cargas, que é o cenário brasileiro. Pode-se citar a Austrália e a Nova Zelândia como exemplos de países que adotaram o modelo em discussão, porém não em sua totalidade da malha férrea operante[42].

---

42 Ver em (WORLD BANK, 2011).

Os países com características similares às brasileiras, em termos de extensão territorial e cujo uso é voltado majoritariamente para o transporte de cargas, como os Estados Unidos e o Canadá, adotam a verticalização.

3. Considerações sobre as ferrovias

O setor ferroviário nacional em seu contexto longo, tortuoso e lento caminho histórico, nos mais de 160 anos, sempre foi estruturado pelo setor governamental. Se no seu início, no século XIX, o governo tentou uma parceria com o setor privado para sua implantação, rapidamente o mesmo não conseguiu atender às expectativas e necessidades do país.

Já na primeira metade do século XX, período que pode ser considerado de apogeu das ferrovias no Brasil, o que se percebeu foi uma série de mudanças institucionais que somadas à falta de diretrizes técnicas mínimas para o setor levaram à impossibilidade de existência de uma malha ferroviária única para todo o território nacional.

À medida que o setor rodoviário avançava em expansão e importância no Brasil, na segunda metade do século XX, o segmento ferroviário foi marcado pelo sucateamento e ausência de uma política de incentivos à padronização da malha e parcerias com o setor privado. Esse cenário culminou com a concessão da maioria da malha ferroviária nacional nos últimos anos desse século em um modelo que não garantiu melhoria na utilização do setor.

Começando o novo milênio, o governo volta a apostar na centralização das ações para o aumento da malha viária utilizando uma empresa pública que demorou 26 anos para executar as obras de uma ferrovia de 1.550 km, média de 60 km por ano. E, quando este governo desperta para a necessidade de realizar uma parceria efetiva com o setor privado, apresenta a empresa que será a representante no novo modelo de exploração do setor que garantirá a operação do sistema – unbundling –, a VALEC que em seu histórico deixa clara a sua baixa execução de sua principal atividade: a construção da FNS.

Observando todo o histórico do setor e todas as dificuldades enfrentadas ao longo dos anos, uma possibilidade de transporte de características concorrenciais como modelo de separação vertical, pressupõe que no serviço de transporte haverá uma quantidade razoável de empresas ofertando tal serviço. Tal oferta pode ocorrer de duas maneiras: transporte de cargas próprias (o ofertante é o próprio usuário) ou transporte de cargas de terceiros. Várias questões econômicas e jurídicas devem ser avaliadas em relação aos dois tipos de prestadores de serviço. Em termos legais, a situação do transportador de cargas próprias é mais simples, pois a regularização de sua existência demandaria apenas resoluções da ANTT. O transporte de cargas próprias não é considerado serviço público, logo, não necessita de outorga específica. Porém, o transporte de cargas de terceiros tem natureza de serviço público, ensejando a necessidade, hoje, de outorga do poder concedente.

Ao longo do capítulo foi possível observar que o modelo de concessão adotado até os dias atuais não foi o mais adequado para a prestação de tal serviço de transporte de carga de terceiros, pois o que se almeja é a existência de uma quantidade maior de prestadores. Desta forma, o ideal seria que, se cumpridas as exigências técnicas estabelecidas pelos órgãos competentes, a qualquer interessado deveria ser possibilitada a entrada neste mercado (redução das barreiras de entrada), possibilitando assim a abertura da concorrência. Ou seja, desde que cumpridas as exigências de capacidade técnica, por exemplo, a empresa teria o direito de receber a autorização para prestação dos serviços.

Ainda assim não é possível afirmar sobre a real possibilidade de existência de um número adequado de prestadores de serviço de transporte (tanto de cargas próprias quanto de terceiros) sendo necessário analisar as economias de escala e o escopo deste mercado, bem como a teoria dos custos de transação.

4. O irmão mais novo: Aviação Civil no Brasil[43]

Nos últimos anos, a demanda por transporte aéreo doméstico de passageiros dentro do Brasil mais do que duplicou, tendo alta de 234% entre 2003 e 2012, e sendo de 162,5% entre 2005 e 2014. Em 2014 atingiu-se a proporção de 58,7 passageiros transportados no modo aéreo para cada 100 habitantes no país, enquanto que em 2005, essa proporção era de apenas 26,8 para cada 100 habitantes. Percebe-se que, nos últimos dez anos, o valor médio por quilômetro voado na aviação regular pago pelo passageiro, conhecido como yield, caiu 60,9%, ou seja, mais da metade. Quando comparado ao Produto Interno Bruto (PIB) brasileiro, o setor cresceu a média de três vezes mais nesse mesmo período (BRASIL, 2012; 2014).

Entre os principais fatores para explicar a evolução do modo de transporte aéreo no país podem-se considerar as grandes mudanças institucionais, que possibilitaram maior concorrência por meio da diminuição da intervenção estatal, outrora caracterizadora do setor. Buscou-se evidenciar no presente trabalho, portanto, como a diminuição da participação do Estado aumentou o acesso da população a esse meio de transporte, diminuindo o seu preço final.

Apesar desse crescimento, dados de um levantamento feito pela consultoria McKinsey[44] mostram que a utilização do modo aéreo ainda é pouco significativa no Brasil quando comparada aos países mais desenvolvidos. Aspectos como a infraestrutura aeroportuária ainda carecem de melhorias, por meio de maior liberalização, da mesma forma como aconteceu com as empresas aéreas, o que possibilitaria a criação de um ciclo virtuoso no setor: com mais empresas aéreas se organizando de acordo com o crescimento da infraestrutura aeroportuária; e melhorias na

---

43 Os dados e informações do setor foram retirados de HESPANHOL, R. M.. Aviação para todos: Como o livre mercado tem popularizado o transporte aéreo. In: Adriano de Carvalho Paranaíba. (Org.). Transportes e Liberalismo. Goiânia, GO: Kelps. p. 97-116. 2016. Os autores agradecem ao prof. Rafael Hespanhol.

44 MCKINSEY & COMPANY DO BRASIL. Estudo do setor de transporte aéreo do Brasil: relatório consolidado. Rio de Janeiro: BNDS; 25 jan. 2010 Disponível em: http://www.bndes.gov.br/SiteBNDES/export/sites/default/bndes_pt/Galerias/Arquivos/empresa/pesquisa/chamada3/sumario_executivo.pdf. Acesso em: 02 ago 2016.

Transportar é Preciso!

infraestrutura aeroportuária para beneficiar novas linhas de atuação de empresas aéreas.

De maneira geral, a aviação civil brasileira, em especial a aviação regular, se depara com um contexto de adequação mercadológica constante, devido a diversas mudanças na oferta e nas regras de competição estabelecidas. Juntamente com esses fatores, o setor tem acompanhado uma tendência mundial de crescimento na sua demanda, que, no país, se deve, entre outros fatores, à melhoria dos padrões de renda da população e da expansão de atividades industriais e comerciais, que carecem de meios de transporte rápidos e seguros para transitar produtos de maior valor agregado (no caso da logística aérea) e, sobretudo, movimentar pessoas.

Alterações na regulação setorial – no sentido de diminuição de sua interferência – também contribuíram com o seu desenvolvimento. No período conhecido como Competição Controlada, entre 1960 e 1970, o Estado intervinha profundamente no arcabouço e nos procedimentos do setor. Com o início do período em que se iniciou a política da flexibilização da aviação regular, no início da década de 1990, teve início um processo de desregulamentação, que permitiu a entrada de novas empresas, a criação de novas rotas e alterações na frequência dos voos. Nesse contexto, a ANAC passou a determinar a realização precedente de estudos de viabilidade a fim de controlar pedidos de aquisição de novas aeronaves, rotas e a entrada de novas empresas aéreas, mas sem interferir nos valores das tarifas, o que configurava uma quase regulação.

Diante disso, obteve-se maior intensidade na competição das empresas aéreas, de maneira até então inédita no país, o que passou a motivá-las a buscar melhores posicionamentos nesse mercado por meio de diversas ações estratégicas. Essas ações desenvolveram as vantagens competitivas destas empresas, permitindo que pudessem aproveitar de maneira sustentável o grande potencial oferecido por esse mercado.

5 - História institucional da Aviação Civil Brasileira

O sistema de transporte aéreo teve início em 1927, com o surgimento das primeiras empresas e linhas aéreas regulares. Quatro anos depois, em 1931, foi criado o Departamento de Aeronáutica Civil, posteriormente conhecido como Departamento de Aviação Civil (DAC), que era, na época, responsável pelo planejamento, controle e incentivo desse setor então embrionário no Brasil[45].

Na década de 1940, começou a acontecer um crescimento acentuado do setor, caracterizado pelo aumento na quantidade de empresas, linhas aéreas e localidades atendidas pelo transporte aéreo dentro do país. No entanto, nessa época, a demanda nesse mercado não foi suficiente para garantir o funcionamento sustentável de boa parte dessas empresas, o que gerou, no início da década de 1960, uma crise econômica na aviação comercial brasileira.

O DAC, então subordinado ao Ministério da Aeronáutica (atual Ministério da Defesa), passou a programar uma série de políticas públicas para o desenvolvimento setorial, caracterizadas por intervenção macroeconômica, controle de tarifas, subsídios cruzados, restrição a entradas de novas empresas, competição controlada, controle de capacidade do sistema, vias, frequências, rotas e aeronaves[46]. Nesse sentido, em 1972, foi criada a Infraero, empresa estatal que ficou responsável pela administração dos aeroportos federais.

As primeiras propostas de maior liberalização da aviação civil brasileira iniciaram-se em 1991, na Quinta Conferência Nacional de Aviação Comercial (V CONAC), em que se propôs a eliminação de algumas barreiras à entrada de novas empresas de transporte, a não regulação do mercado, a eliminação de áreas de exploração exclusivas por empresas aéreas regionais e a redução do controle sobre as tarifas aéreas.

Com isso iniciou-se uma fase de transição gradual no modelo de regulação econômica exercida pelo DAC a partir do início da década de 1990. Em 2001, estabeleceu-se a liberdade tarifária plena, iniciando-se um regime de mercado que possibilitou às empresas a prática de qualquer valor de tarifa, sujeitas apenas ao registro prévio e monitoramento do órgão regulador. Essas novas características do setor, juntamente com a melhoria de ou-

---

45 (DA SILVA, 2008).
46 (SALGADO et al., 2010).

tros fatores macroeconômicos, como a estabilização da moeda e o crescimento do PIB, proporcionaram maior dinamização ao setor aéreo e deram início à possibilidade de se manterem diferentes posicionamentos das empresas aéreas no mercado. O resultado foi o crescimento da demanda e da oferta, maior concorrência, e consequente queda do valor médio das tarifas aéreas.

Em janeiro do mesmo ano, a empresa "GOL Linhas Aéreas Inteligentes" iniciou suas operações. Na época, a mesma chegou a ser considerada como pioneira na utilização do modelo de negócio "low cost, low fare" (baixo custo, baixa tarifa), especialmente por ter conseguido índices de crescimento mais altos do que as principais líderes desse modelo de negócio nos Estados Unidos. Esses resultados foram conseguidos com investimentos em publicidade, fornecimento de preços de passagens mais acessíveis do que as dos concorrentes, extinção das operações da Transbrasil no final de 2001 e a vantagem de ter garantido o acesso aos aeroportos de Congonhas (SP) e Santos Dumont (RJ) desde o início das suas operações.

Nesse novo contexto, em 2005, foi realizada uma série de reformas na administração pública federal que incluíram a adoção de organizações públicas, independentes do poder executivo central, com a finalidade de regular e fiscalizar a prestação de serviços públicos por organizações privadas e públicas, até mesmo de atividades econômicas monopolizadas pela União. É nessa conjuntura que foi criada Agência Nacional de Aviação Civil (ANAC).

Esse novo órgão foi instituído da mesma forma que as primeiras agências reguladoras brasileiras e recebeu o encargo de, nos termos das políticas estabelecidas pelos poderes executivo e legislativo, regular e fiscalizar as atividades de aviação civil e de infraestrutura aeronáutica e aeroportuária. Passou a substituir, portanto, o DAC, caracterizando assim o início de um processo de desmilitarização do principal órgão regulador do setor aéreo.

A ANAC passou a assegurar às empresas concessionárias de serviços aéreos domésticos a exploração de quaisquer linhas aéreas, desde que previamente registradas, se atentando apenas à capacidade operacional dos aeroportos e a normas regulamentares quanto à prestação de serviços (BRASIL, 2006). Com isso, a prestação de serviços aéreos regulares começou a ter como característica inovadora o regime de liberdade tarifária.

Com o estabelecimento da ANAC, o planejamento e o controle do setor passaram a ser exercidos de forma compartilhada entre uma organização civil e outras organizações militares integrantes do Ministério da Defesa, mais especificamente do Comando da Aeronáutica (Força Aérea Brasileira). Dentre essas organizações, destacam-se o Departamento de Controle do Espaço Aéreo (DECEA) e o Centro de Investigação e Prevenção de Acidentes Aeronáuticos (CENIPA). No meio acadêmico, há diversas discussões sobre a necessidade de manter essas atividades – controle do espaço aéreo e investigação de acidentes – sob responsabilidade de uma organização militar, mas ainda não existem maiores discussões práticas ou políticas sobre o tema.

Em dezembro de 2008, ingressou no mercado a "Azul Linhas Aéreas Brasileiras" que, diferentemente da "GOL Linhas Aéreas Inteligentes", não obteve, na época, acesso aos dois principais aeroportos do país, o de Santos Dumont (RJ) e de Congonhas (SP). Prova da versatilidade que a liberdade econômica pode proporcionar, a empresa escolheu como base para as suas operações o aeroporto de Viracopos (SP), distante a menos de 100 quilômetros de São Paulo, no município de Campinas. Buscando criar vantagem competitiva por meio da diferenciação na prestação de seus serviços, com voos de ligação direta e preços condizentes com os praticados no mercado. Foi assim que a empresa conseguiu ganhar marketshare em relação aos seus concorrentes.

Em 2009 entrou em vigor a Política Nacional de Aviação Civil, abrangendo um conjunto de diretrizes e estratégias para nortear o planejamento das instituições responsáveis pelo desenvolvimento da aviação civil brasileira. Como resultado disso, da desmilitarização do órgão regulador central da aviação civil e da necessidade de planejamento das políticas setoriais, bem como da coordenação entre as diversas organizações públicas ligadas à aviação civil, foi criada, em 2011, a Secretaria de Aviação Civil (SAC). A SAC passou a ter status de ministério e subordinação direta à Presidência da República, tendo a INFRAERO e a ANAC como vinculadas. A SAC também ficou responsável por acompanhar o controle do espaço aéreo junto ao DECEA e por conduzir o processo de concessão do direito de explorar aeroportos à iniciativa privada, iniciado em 2012.

Também foram implementadas algumas ações setoriais importantes, durante os anos de 2011 e 2012, quando o governo realizou uma reestruturação da SAC, vinculando-a diretamente à Presidência da República. Isso se deu, em um primeiro momento, por força de medida provisória que foi, posteriormente, convertida em permanente, por meio da Lei 12.462, de 04 de agosto de 2011. Com esta reorganização institucional, a SAC passou a exercer algumas competências ligadas ao planejamento, financiamento e políticas públicas, anteriormente de responsabilidade de ANAC. Entre essas competências, pode-se destacar a aprovação de planos aeroviários estaduais; a arrecadação, administração e emprego de recursos financeiros para funcionamento e modernização de aeródromos; e a promoção de estudos sobre a logística do transporte aéreo e do transporte intermodal, ao longo de eixos e fluxos de produção, em articulação com os demais órgãos governamentais competentes.

Foi nesse contexto que se iniciaram os primeiros sinais de mudança no que diz respeito à infraestrutura aeroportuária, com a primeira autorização de concessão à iniciativa privada para construção, operação e exploração comercial de um aeroporto, no caso, o Aeroporto de São Gonçalo do Amarante (ASGA), no estado do Rio Grande do Norte. Pouco tempo depois, dando continuidade às ações em direção à desconstrução do monopólio de administração de aeroportos exercido pela Infraero, iniciam-se os processos de concessão de outros grandes aeroportos brasileiros, como os de Guarulhos (SP), Campinas (SP) e Brasília (DF).

É possível perceber que o rearranjo institucional e o maior dinamismo do setor aéreo brasileiro, priorizando o consumidor, ocorreram após a liberalização do mercado, a partir do final da década de 1990, pelo extinto DAC. Esta liberalização trouxe um dinamismo nunca visto antes, com crescimento econômico do setor, que passou de coadjuvante a protagonista na matriz de transportes de passageiros domésticos, transportando mais passageiros do que o tradicional Transporte Coletivo Rodoviário Intermunicipal de Passageiros desde o ano de 2010.

Adriano Paranaiba e Eliezé Bulhões

Paralelamente a esse crescimento, o Estado brasileiro criou estruturas institucionais que fazem frente a essa força econômica emergente, regulando-o econômica e tecnicamente. É importante destacar que um dos motivos para este modo ser tão fortemente regulado é a força de acordos internacionais do qual o Brasil é signatário, que acabam por tornar obrigação do Estado a regulação e a fiscalização da regularidade, da segurança e da eficiência do transporte aéreo no país. Assim, a modernização institucional a partir de 2005, com a criação da ANAC, e de 2010, com a desvinculação da SAC do Ministério da Defesa e a sua vinculação à Presidência da República em 2011, foram ao mesmo tempo reações e vetores do seu desenvolvimento.

6. O mercado de Aviação Civil

O modelo administrativo da ANAC oferece restrições, sobretudo pelo fato de a regulação inibir, por força institucional, o empreendedorismo e o surgimento de novas ideias tanto por parte das empresas aéreas existentes, quanto por parte de empresas aéreas que porventura teriam interesse de se instalar no país.

Exemplo claro dessas restrições é a limitação de participação de capital estrangeiro nas companhias aéreas a 20%, que impede a concorrência de empresas ou empreendedores de outros países. O fundador da "Azul Linhas Aéreas Brasileiras", John Newman, por exemplo, só pôde abrir a empresa aérea pelo fato de ter nascido no Brasil, apesar de ter crescido e desenvolvido sua carreira fora do país.

A quantidade de assentos ofertados por quilômetro, conhecido como ASK. Em 2012 esse índice atingiu 119 bilhões, sendo o maior registrado na história brasileira. Em 2014, esse índice voltou a subir 1% após uma queda de 2,9% em 2013. O aumento desse indicador nos últimos dez anos foi de 128,6%.

Desde a criação da ANAC, o crescimento médio do setor foi 19,6% maior que o crescimento médio da população brasileira no mesmo período, sendo que a população brasileira passou de 178,7 milhões em 2003 para 196,5 milhões em 2012, algo em torno de 10%, enquanto a quantidade de passageiros domésticos passou de 29,1 milhões em 2003 para 88,7 milhões em 2012, num total de 204,8%.

Em 2014, ano de eleições, o governo federal anunciou o Programa de Desenvolvimento da Aviação Regional (PDAR), que tinha como premissa o fomento de atividades de empresas interessadas em operar aeronaves menores em linhas mais curtas. No entanto, o PDAR nunca chegou perto de ser executado.

Esse aumento não pode ser considerado, ainda, como suficientemente significativo, podendo ainda ser melhorado pelo setor privado, ou seja, pelas empresas aéreas, visando diminuir a capacidade ociosa que, em 2012 ainda representava 27,1%. A razão fulcral disso se justifica no sentido de que quanto menor esse indicador, maior a possibilidade de redução de tarifa para o usuário ou ainda, maior maximização de lucro pelas empresas. No entanto, a agência reguladora ainda interfere em algumas medidas, como por exemplo, na impossibilidade de venda de passagens acima da quantidade disponível de assentos, visando minimizar os impactos causados por "no show", ou seja, passageiros que não aparecem no voo que adquiriram.

Acredita-se que, uma vez que se aumente as possibilidades de participação de investimentos privados na instalação de equipamentos de radiogoniometria e de navegação aérea utilizando GPS nos aeroportos, esse percentual de atrasos e cancelamentos também poderia ser minimizado, visto que a tecnologia é capaz de diminuir as restrições de visibilidade e teto para as operações em diferentes aeroportos, sem deixar de lado, obviamente, a segurança – em seu sentido de safety, ou seja, de diminuição da probabilidade de ocorrência de acidentes.

Entende-se que alguns aspectos relacionados à presente regulação expliquem o ainda elevado grau de concentração do mercado da aviação civil no Brasil, formado por uma reduzida quantidade de linhas aéreas regulares. O crescimento da demanda observado durante os anos que aconteceram após a flexibilização do mercado demonstra uma oportunidade que deve ser considerada pelos atuantes na aviação civil, visto que permitiram aumento da competição de custos e preços com as companhias de menores tarifas (low cost/low fare), bem como melhoria no nível de serviço dessas empresas, que deverá ser seguido, provavelmente, por outros integrantes do sistema, como os aeroportos recentemente concessionados.

Percebe-se que o rearranjo institucional brasileiro privado no setor aéreo foi orientado para fazer frente a essa emergência do setor, tendo sido proporcionado, sobretudo, por grupos empresariais que exploram as companhias aéreas, cada vez mais relevantes em nossa economia.

Analisando-se a reação do Estado brasileiro às mudanças de cenário anteriores, pode-se prever que novas mudanças institucionais devem ocorrer, pois a relevância econômica dos concessionários deverá ser tão grande quanto àquela dos operadores de linhas aéreas regulares. Resta saber em qual grau o Estado brasileiro permitirá a modernização contínua natural dessas instituições sem sua interferência, garantindo o melhor resultado para a população por meio da livre concorrência e da valorização do empreendedorismo dos indivíduos à frente dessas empresas.

7. Ferroviário vs Aeroviário: Quem é o filho pródigo?

Para confrontar os dois setores, em busca de uma comparação do que foi, e do que não foi feito, nada melhor que a parábola do filho pródigo, pois, na verdade, envolvem dois filhos: o pródigo – que esbanjou todos os bens e se encontrou na miséria, e o filho mais novo que ficou junto do pai.

Mesmo o setor ferroviário sendo mais antigo, ambos receberam atenção na década de 1990, mas tomaram caminhos diferentes: um foi absorvido por uma empresa estatal, VALEC, enquanto o mais novo apresentou uma lógica de mercado, mesmo com uma regulação intensa. E esse ponto chama muita a atenção: um pouco de abertura do mercado de aviação civil foi responsável por um crescimento exponencial, enquanto o setor ferroviário ficou à mercê de uma execução estatal de poucos quilômetros por ano.

E se os recursos dispendidos na infraestrutura aeroviária tivessem sido repetidos no setor ferroviário? Uma pergunta difícil de responder, mas com o número absurdo de irregularidades da VALEC, fica a dúvida se foi de fato a falta de investimentos que tiraram o Brasil dos trilhos. A Ferrovia Norte-Sul é uma obra

Transportar é Preciso!

faraônica, interminável e que nem a brita e a lama[47] escapam da lista do que sempre será a obra de infraestrutura mais cara da história do Brasil.

---

47 Uso de pedras e argila de baixa qualidade foram detectadas em auditoria do TCU e apenas a movimentação destas pedras consumiram R$ 52 milhões em 2009.

Capítulo VI
Especial: O que pode ser feitocom os caminhoneiros?[48]

Em maio de 2018, o Brasil viveu uma paralisação geral dos caminhoneiros em todo país, isto fez com que todos voltassem os olhos para uma atividade muitas vezes menosprezada. Foi possível perceber a dificuldade que o Brasil tem em transportar os seus produtos até o consumidor final. E que o país é extremamente dependente do transporte rodoviário.

As principais reivindicações eram: redução do preço do óleo diesel, redução de impostos, redução de pedágios em caso de eixos dos veículos estarem suspensos, a criação de um marco regulatório para os caminhoneiros e a aprovação de um projeto de lei que estabelece preços mínimos para o frete. Os manifestantes também apresentaram propostas para o governo, como a criação de um sistema que ofereça subsídios na aquisição de óleo diesel pelos transportadores autônomos e a criação de um fundo de amparo ao transportador autônomo.

Mas qual a origem de todo esse problema? Será que estas reivindicações são justas? Quem é esse transportador que foi responsável por deixar um país parado em poucos dias de paralisação?

1. Quem são os caminhoneiros?

Existem dois tipos básicos de transportador rodoviário de cargas: o de carga própria (o dono da empresa transporta a própria

---

48 Este capítulo foi baseado na dissertação de mestrado de Moura. Para maiores detalhes ver http://repositorio.unb.br/handle/10482/11948. 2012.

carga) e o transportador de carga de terceiros. Esse segundo é o que mais é estudado e que de fato param as atividades do país. O segundo tipo é dividido em três classes importantes e que têm vários interesses em comum. Que são basicamente a empresa transportadora, a cooperativa de transportadores e o transportador autônomo.

As empresas compreendem o segmento em que, geralmente, o caminhoneiro não é dono do veículo utilizado no transporte da carga e presta serviço de motorista para uma distribuidora. Segundo a ANTT, são registradas 147.560 empresas desse gênero no Brasil com uma frota de 1.100.446 veículos.

As cooperativas, os caminhões, na maioria das vezes, não são de um proprietário em particular, mas pertencem à cooperativa e são operados em mais de um turno e por mais de um cooperado. Ou seja, o veículo fica parado pouco tempo e a cooperativa opera por mais tempo sem que seus caminhoneiros trabalhem excessivamente.

Já no grupo dos transportadores autônomos de cargas, enquadram-se aqueles que não são filiados a nenhum dos outros dois grupos e operam na distribuição rodoviária de produtos. Esses profissionais, embora não possuam o maior número de veículos por categoria, constituem a maior parcela dos trabalhadores registrados pela ANTT no segmento dos transportes rodoviários de cargas.

A quantidade maior de caminhões encontra-se no segmento das empresas, uma boa parte desses veículos encontra-se no segmento dos autônomos, e uma parcela não muito significativa, considerando-se o total no setor, encontra-se no segmento do cooperativismo.

O transporte rodoviário de carga é responsável por cerca de 60% da movimentação nacional de cargas, com uma frota com mais de 1,5 milhões de veículos. Os transportadores autônomos se apresentam em maior quantidade com, aproximadamente, 83% dos registros, e apesar de ter deixado de ser o segmento com maior frota, ainda tem parte representativa pertencente a eles (46,21%).

Adriano Paranaiba e Eliezé Bulhões

A idade média dos veículos destes transportadores, considerando apenas cavalo-trator e trator, é de aproximadamente 19 anos[49].

TIPO DO TRANSPORTADOR	REGISTROS EMITIDOS	VEÍCULOS	VEÍCULOS / TRANSPORTADOR	IDADE MÉDIA
Autônomo	495.028	677.838	1,4	19,2
Empresa	147.560	1.100.446	7,5	8,4
Cooperativa	336	23.262	69,2	13,6
Total	642.924	1.801.546	2,8	13,4

Fonte: ANTT (2018)

O que pode ser observado é que a idade média dos veículos é bastante alta. Segundo estudos[50], quanto mais velha a frota, mais caro é o custo relacionado com esse transporte. Afinal, o custo de manutenção aumenta e o consumo de combustível também.

2. Mas se o custo é elevado porque a frota é velha, não é só renovar a frota?

O primeiro programa de renovação da frota de caminhões de carga lançado pelo governo federal foi o Modercarga, no ano de 2003. Apesar de o governo ter identificado e reconhecido que a renovação da frota autônoma é um problema social e econômico

---

49 (ANTT, 2011).
50 (RONCHI, 2011; MOURA, 2012).

Transportar é Preciso!

para o país, os atuais modelos de renovação de frota não funcionam efetivamente.

Até o momento, o governo federal lançou três programas diferentes de renovação de frota que variam desde os juros e prazo de financiamento até a idade do veículo financiado, com o objetivo de atingir uma quantidade maior de caminhoneiros beneficiados. Porém, se for observada a idade média dos veículos nos dias atuais, pode-se deduzir que os programas não tiveram a repercussão desejada. Após mais de 10 anos do lançamento do primeiro programa de renovação de frota e de várias evoluções neste sentido, os dados comprovam que os subsídios fornecidos pelo governo atualmente não resolvem o problema da renovação, fazendo-se necessária uma nova proposta para este problema.

Somando-se aos vícios dos programas, encontram-se os transportadores autônomos que, em sua maioria, estão descapitalizados e sem condições de fornecer as garantias exigidas pelos programas governamentais de renovação. Isso favorece o envelhecimento constante da frota de caminhões. Essa frota antiga e, em muitos casos, sem manutenção adequada, gera inúmeros custos para a sociedade, como: (a) o aumento do custo operacional e o do frete; e (b) os gastos sociais com acidentes e a poluição atmosférica. Cabe registrar, ainda, a redução da arrecadação governamental com a isenção de pagamento do IPVA51.

Observa-se ainda que os programas atuais nada falam sobre a retirada de circulação dos veículos velhos, o que dificulta ainda mais a redução da idade média desses veículos e aumenta a subutilização da frota, apresentando um custo ainda maior. Em complementação a esta subutilização, ainda surgiu a Lei nº 12.619/2012.

3. A Lei nº 12.619/2012 – Lei do motorista profissional

Segundo a Lei nº 12.619/2012, que fala sobre o exercício da profissão de motorista profissional Capítulo III-A, artigo 67-A, parágrafos do 1º ao 4º: o motorista não pode dirigir por mais de quatro horas ininterruptas. Após este período, deve ser observado intervalo mínimo de 30 minutos para descanso a cada quatro

---
51 (ARRUDA, 2010).

horas ininterruptas na condução de veículo, sendo facultado o fracionamento do tempo de direção e do intervalo de descanso, desde que não completadas quatro horas contínuas no exercício da condução.

De acordo com a referida lei, o condutor é obrigado, dentro do período de 24 horas, a observar um intervalo de, no mínimo, 11 horas de descanso, podendo ser fracionado em 9 horas mais duas, no mesmo dia. Entende-se como tempo de direção ou de condução de veículo apenas o período em que o condutor estiver efetivamente ao volante de um veículo em curso entre a origem e o seu destino, sendo-lhe facultado descansar no interior do próprio veículo, desde que este seja dotado de locais apropriados para a natureza e a duração do descanso exigido.

Isso significa dizer que a maior parte do tempo do veículo de um transportador autônomo ele está parado para que esse transportador possa descansar. Isso nos leva a acreditar que um caminhoneiro, para trabalhar de forma segura e de acordo com a Lei nº 12.619/2012, deveria trabalhar no modelo de parcerias, ou seja, para cada veículo deveriam estar designados dois motoristas.

4. Mas então, qual a solução para reduzir este prejuízo?

A melhor forma de organização identificada dessa proposta e para garantir que o motorista tenha um descanso remunerado de forma que não reduza seus rendimentos seria a formação de cooperativas de transportadores autônomos de cargas.

O modelo cooperativo reduziria o custo de capital imobilizado considerando que o veículo ficaria menos horas parado e o motorista não trabalharia excessivamente, mais horas do que determinado em lei.

Considerando o exposto, o modelo cooperativo foi a hipótese adotada como resposta à renovação da frota autônoma de caminhões. Não havendo redução da remuneração do motorista, reduzindo o custo de capital imobilizado e de manutenção, entre outros fatores, dessa forma a renovação da frota seria viabilizada.

No âmbito do financiamento concedido com o fim de renovar a frota de caminhões, a formação de cooperativas dessa categoria proporcionaria maior eficiência aos programas governamentais existentes para esse fim, já que os caminhoneiros teriam como comprovar a renda e ter um rendimento fixo. Além da alternativa da cooperativa trabalhar em consórcio para reduzir os custos do financiamento, há também a possibilidade de um caminhão ser utilizado por dois ou mais caminhoneiros. Assim, o caminhão poderia ser utilizado em pelo menos dois turnos, maximizando sua capacidade de utilização bem como respeitando a jornada de trabalho dos caminhoneiros, estabelecida pela Lei nº 12.619/2012. Tal modo operacional remete à forma como as empresas desse ramo trabalham, ou seja: possivelmente geraria lucro, o que nas cooperativas é chamado de sobras, aumentando assim a receita total da cooperativa, bem como a dos cooperados.

Muitas cooperativas do setor oferecem aos seus cooperados algumas vantagens que devem ser consideradas, pois reduzem o custo para o caminhoneiro e aumentam a qualidade de vida do indivíduo e de sua família, devido a compras coletivas que geram descontos, tais como: convênios com oficinas de manutenção, convênios com postos de combustíveis, seguros, planos de saúde, auxílio-creche, entre outros.

O trabalho administrativo que é feito pelo autônomo na atividade de transporte na cooperativa é repassado para um setor responsável que garante que o processo burocrático seja feito de maneira mais confiável, devido à constante atualização das pessoas no setor, o que muitas vezes não é possível para o autônomo.

Pode-se concluir que existem várias vantagens em relação à formação de cooperativas, bem como redução de vários custos, além de oferecer um serviço de melhor qualidade ao cliente quando comparados com o modo de transporte autônomo. Na cooperativa, o caminhoneiro trabalha somente na função de caminhoneiro e todas as outras atividades inerentes à atividade do transporte são transferidas para outros departamentos. Porém, os cooperados têm várias obrigações que dependem de uma decisão conjunta, enquanto para o autônomo isso não é necessário.

Essa condição de autonomia é a base que sustenta o modo de organização autônoma, e então surge a pergunta: até que ponto os caminhoneiros preferem a autonomia com todas as incertezas que essa condição traz? Será que os benefícios apresentados são suficientes para que o autônomo migre desta categoria para o modo cooperativo?

De acordo com dados levantados e apresentados, as cooperativas apresentam indícios de terem várias vantagens sociais e econômicas frente ao trabalhador autônomo. Pode-se afirmar que o modo cooperativo traz maior estabilidade e qualidade de vida ao mesmo.

De acordo com a Lei nº 12.619/2012, que dispõe sobre o exercício da profissão de motorista profissional, o motorista em média só pode trabalhar entre 8 e 11 horas diárias e deve dirigir no máximo quatro horas seguidas, necessitando de um revezamento ou um período de descanso para continuar o trabalho. Portanto, a frota de caminhoneiros autônomos trabalha (de acordo com as condições estabelecidas pela lei) com a capacidade ociosa. Com o intuito de diminuir a ociosidade destes veículos, a proposta tem como fundamento a otimização dos caminhões existentes.

Segundo estudo da CNT (2012), atualmente o caminhoneiro roda em média 124.000 km/ano. Isto comprova o fato de o caminhoneiro poder trabalhar apenas oito horas diárias, sendo que o caminhão não precisa do mesmo tempo de descanso que o caminhoneiro. Sendo assim, a proposta apresentada constitui-se em cooperativas de transporte que seriam formadas com o intuito do caminhoneiro trabalhar em duplas dentro da cooperativa, reduzindo a ociosidade do caminhão.

Pode-se afirmar que para renovar a frota existe um custo, e esse custo atualmente é contabilizado pela aquisição de cada caminhão por um transportador autônomo. A formação de cooperativas diminui a subutilização da capacidade potencial de utilização da frota de caminhões. Atualmente existe a capacidade utilizada, que é um caminhoneiro por caminhão, e a capacidade potencial seria a utilização das horas máximas possíveis, caso os caminhoneiros cooperem.

5. Qual seria a solução para reduzir o prejuízo pela ineficiência?

O cenário ideal seria o que tem três motoristas revezando um caminhão, pois o tempo de ociosidade do veículo seria somente o necessário para a sua manutenção. Porém, para que se consiga este nível de sincronia, a cooperativa tem de ter um modelo muito bem feito de utilização dos veículos em concordância com seus clientes. Sendo assim, foi adotado para o modelo um cenário intermediário, em que dois motoristas usam o mesmo caminhão.

Desta forma, dentro da cooperativa de transporte seria possível montar um modelo de substituição dos veículos, tomando como base alguns conceitos de consórcios e teoria dos clubes, descrita a seguir.

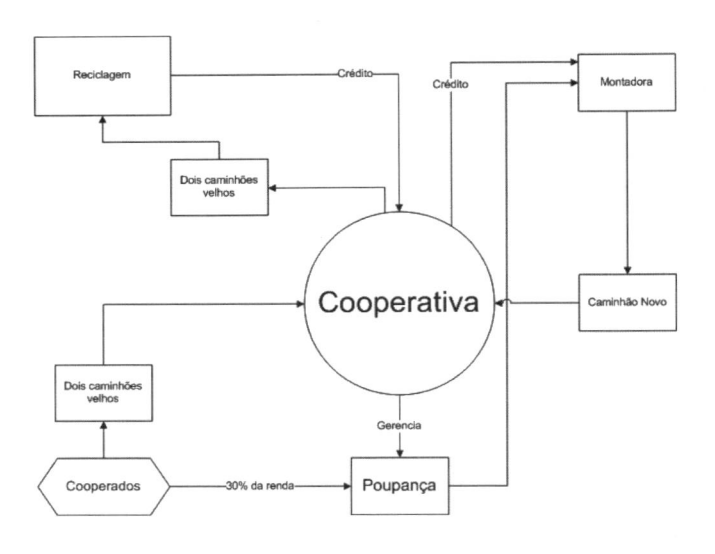

Conforme a figura acima, as cooperativas funcionariam da seguinte forma: para a aquisição de um caminhão novo dentro da cooperativa, dois caminhões velhos devem ser retirados da frota atual, ou seja, renovados. Assim, reduzir-se-ia a ociosidade dos veículos, o que pode ser comprovado também pelo tempo reduzido que um caminhão novo precisa ficar parado para a manutenção em relação a um caminhão velho.

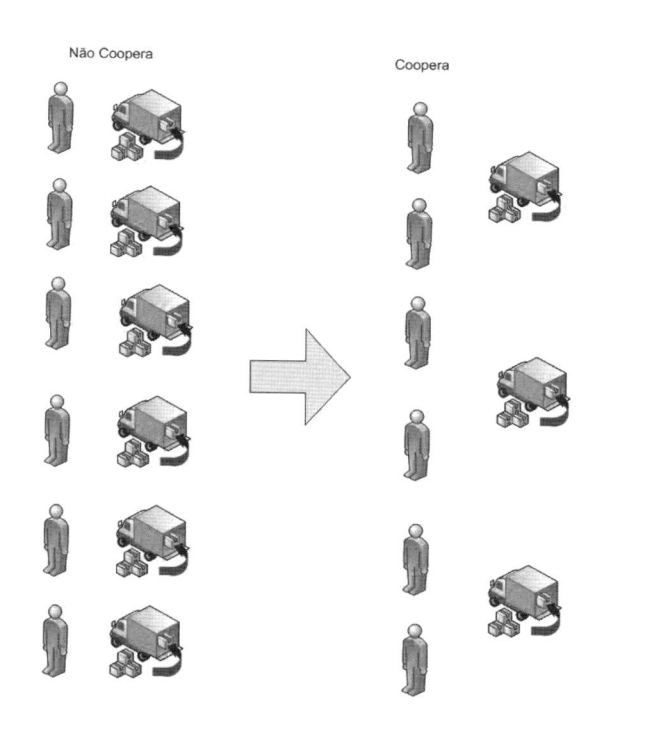

Caso este modelo fosse implantado no país todo, haveria inicialmente um aquecimento na produção de caminhões, gerando impostos e emprego, além de garantir um transporte de melhor qualidade para a produção brasileira que depende do transporte rodoviário para o seu escoamento, uma vez que o transporte ferroviário e rodoviário são minoritários em relação ao rodoviário.

Haveria uma redução imediata nos custos de transporte, já que os veículos estariam em idade econômica e haveria maior competitividade no mercado de transporte, reduzindo os preços do frete, garantindo maior competitividade para o produto bra-

Transportar é Preciso!

sileiro no exterior. Lembrando que esta seria somente uma parte da composição dos custos de transportes, pois o estado de conservação das rodovias, impostos, entre outros, também influenciam na composição dos custos de transportes.

Como foi visto, há uma ociosidade da frota de veículos existentes no país. Com a implantação do modelo proposto, aumentar-se-ia a eficiência por veículo, reduzindo o número de veículos em circulação no país, o que diminuiria a quantidade de veículos estacionados em pontos de parada e nas ruas das cidades, consequentemente reduzindo esta ociosidade.

Muitos argumentariam que haveria uma queda na arrecadação do governo com IPVA, porém lembra-se que neste modelo todos os veículos estariam com idade inferior a 10 anos; assim, todos estariam pagando o imposto. Se fosse reduzida hoje a frota brasileira de caminhões para a metade e todos os veículos pagassem IPVA, a arrecadação do governo aumentaria.

Ao contrário do que muitos pensariam, o consumo por combustível e pneus (que são custos diretos envolvidos no transporte rodoviário) não sofreriam alterações devido à redução do número de veículos, pois o número de quilômetros rodados se manteria os mesmos, mas sim por conta da eficiência energética dos veículos novos.

Esperar-se-ia que os veículos tivessem uma melhor manutenção e menor risco de acidentes, já que a cooperativa seria a responsável pela manutenção da mesma, podendo sofrer sanções mais graves caso isso não fosse feito. Além disso, os caminhoneiros mais descansados sofreriam menos com acidentes provocados por erro humano.

Quanto à questão ambiental, além da redução de consumo da quantidade de combustível, como já foi dito, as emissões de gases poluentes seriam reduzidas de forma considerável.

Uma boa manutenção, garantida pela cooperativa e veículos novos, reduziria o número de veículos parados nas estradas devido a avarias, o que diminuiria o custo com congestionamentos nas estradas e a perda e atraso das cargas transportadas por este modo.

Estudos sobre cooperativas mostram a dificuldade que se tem na sua formação no mundo inteiro. A questão-chave é a confiança dos entes envolvidos na relação.

Adriano Paranaiba e Eliezé Bulhões

Atualmente, os caminhoneiros são pessoas que não tiveram tempo nem oportunidade para estudar, os dados atuais mostram que a maioria possui, no máximo, cinco anos de estudo em escola regular, apresentando a baixa escolaridade dessa classe. Tal escolaridade faz com que criar, administrar e manter uma cooperativa seja uma tarefa que exija um grande esforço, podendo apresentar--se como uma barreira para que o modelo se torne viável.

6. Conclusões

Buscamos mostrar neste capítulo que as cooperativas ocasionam maior eficiência para o setor de transportes, maior qualidade de vida para os caminhoneiros e redução da idade média dos veículos, o que, consequentemente, reduz os custos sociais provocados pela frota antiga. A idade média dos veículos da frota cooperada ficará em quatro anos, sendo que o veículo mais velho da cooperativa atingirá oito anos, dentro da idade considerada economicamente viável.

De fato, os caminhoneiros têm uma baixa remuneração devido à ineficiência da sua atividade e o tabelamento do custo do frete não incentivaria a redução do custo de transporte, somente protegeria um mercado que hoje está com prejuízos reais devido à sua ineficiência. E tais custos são repassados a todos os setores produtivos. Porém, vale ressaltar que deve-se olhar com bastante atenção para este setor já que como observou-se na greve de 2018, que o país depende diretamente desta atividade.

Chega-se à conclusão de que a renovação se faz necessária e de que esforços já foram feitos com o intuito de reduzir a idade média desses veículos, porém até hoje não foram eficientes, não atingindo os objetivos esperados.

O setor do transporte rodoviário de cargas no Brasil é altamente relevante para a economia nacional. O transportador autônomo de cargas hoje é o responsável pela frota que tem a idade mais avançada dentre as três categorias mencionadas.

Apesar da grande dificuldade que o transportador autônomo de carga tem em renovar sua frota e dos custos gerados por essa deficiência, essa categoria é de grande importância para o escoamento de produtos no país e para geração de emprego e renda.

Transportar é Preciso!

Além disto, a idade elevada dessa frota traz prejuízos significativos para a sociedade, desde aumento do preço dos produtos, devido à ineficiência da frota antiga, até custos ambientais e com acidentes.

Surge então a possibilidade da formação de cooperativas para solucionar o problema apresentado. O modelo cooperativo é uma alternativa existente atualmente como oposição ao crescimento desordenado da frota. Por meio de cooperativas, os atores menos favorecidos do mercado tentam unir esforços para sobreviver em um ambiente de livre concorrência.

Com isto, o modelo da cooperativa pode ser a solução para esse problema, porém cabe muita discussão e vontade do governo em propor uma agenda sobre este assunto.

Referências Bibliográficas

ACCIOLY, D. (2002). "Modernas e ineficientes". *Jornal Correio Braziliense*. Caderno Cidades. 4 de dezembro de 2002. Brasília.

ANTF – Associação Nacional de Transportadores Ferroviários. *Ferronorte S. A. - Ferrovias Norte Brasil*. Brasília: 2013. Disponível em <http://www.antf.org.br/pdfs/Ferronorte.pdf>. Acesso em 23/09/2016.

ANTT – Agência Nacional de Transportes Terrestres. *Relatório Concessionárias / FNS - Ferrovia Norte Sul*. Brasília: 2008 Disponível em < http://appweb2.antt.gov.br/relatorios/ferroviario/concessionarias2008/FNSTN_2008.pdf>. Acesso em 30 set 2016.

ANTT, Agência Nacional de Transportes Terrestres. *Acompanhamento de Concessões Ferroviárias*. Brasília: 2013. Disponível em: <http://www.antt.gov.br/index.php/content/view/4994/Relatorios.html#lista>>. Acesso em: 12 set 2016

ANTT, Agência Nacional de Transportes Terrestres. *Anuário Estatístico dos Transportes Terrestres*. Brasília: 2009. Disponível em <http://www.antt.gov.br/index.php/content/view/10868/Ano_2009.html#lista>. Acesso em 04 set 2016.

ANTT. Agência Nacional de Transportes Terrestres. *Dados Complementares*. Reunião Participativa n. 13/2013. 2013.

ANTT/RNTRC (2018). *Dados do Registro Nacional de Transportadores Rodoviários de Carga*. Disponível. Brasília: Agência Nacional de Transportes Terrestres.

ARRUDA, B. D. L. (2010). *Análise dos Programas Nacionais de Financiamento para Renovação de Frota dos Transportadores Autônomos*. Dissertação de Mestrado em Transportes. Brasília: Faculdade de Tecnologia, Universidade de Brasília.

AUSTROADS. *Guide to Traffic Engeneering Practice*. Austrorads Publication. 13 - Pedestrians. 90 p. Sydney, Austrália, 1994.

Transportar é Preciso!

BABBIE, E. *Métodos de pesquisas de Survey*. Ed. UFMG: 519 p. Belo Horizonte, 1999.

BÁRTOLI, S. P. et al. *Sistema de Informação Geográfica (SIG) como Instrumento para avaliação da acessibilidade locacional de paradas de ônibus.* Anais X ANPET - Congresso de Ensino e Pesquisa em Transportes. Brasília, 1996.

BLACK, F.; SCHOLES, M. The pricing of options and corporate liabilities. *The journal of political economy,* p.637-654. 1973.

BNDES – Banco Nacional de Desenvolvimento Econômico e Social. *O Processo de Desestatização da RFFSA: Principais Aspectos e Primeiros Resultados.* Brasília: 1997. Disponível em <http://www.bndes.gov.br/SiteBNDES/export/sites/default/bndes_pt/Galerias/Arquivos/conhecimento/revista/rev805.pdf>. Acesso em 02 set 2016.

BNDES. Banco Nacional de Desenvolvimento Econômico e Social. *Custos Financeiros – TJLP.* Disponível em: <http://www.bndes.gov.br/SiteBNDES/bndes/bndes_pt/Ferramentas_e_Normas/Custos_Financeiros/Taxa_de_Juros_de_Longo_Prazo_TJLP/>. Acesso em 3 fev 2015.

BOTELHO, F. V. U. *As viagens a pé na Região Metropolitana de São Paulo.* Dissertação de Mestrado. Departamento de Engenharia Civil. Universidade de Brasília. Brasília, 1996.

BOUR, N.; DELEU, B. *Seine-Nord Europe canal: Central Segment of the Seine-Scheldt Waterway Link.* PIANC MMX Congress Liverpool UK. England, 2010.

BOVY, H. *Les transports en commun.* ITEP - Institut de technique des transports (Aménagement du territoire et transports II) Lausanne, França, 1974.

BRAGA, G. A. *Qualidade no Transporte Coletivo Urbano-Ônibus.* Dissertação de Mestrado. Departamento de Engenharia Civil. Universidade de Brasília. Brasília, 1995.

BRANDSHAW, C. *Creating and Using - A Rating System for Neighbourhood Walkability: Towards an Agenda for "Local Heroes".* 14th International Pedestrian Conference. Ottawa – Canadá, 1993.

BRASIL. Lei nº 12.619. *Exercício da profissão de motorista.* Congresso Nacional, Brasília, 2012.

BRASIL. *Lei Nº 9.503 de 23 de setembro de 1997 e legislação complementar. Código de Trânsito Brasileiro*, 1ª ed. EDIPRO Bauru, 1997.

BRASIL. *Decreto nº 651 de 26 de junho de 1852. Autoriza o governo para conceder a huma ou mais companhias a construcção total ou parcial de hum cminho de ferro que, partindo do Municipio da Côrte, vá terminar nos pontos das Provincias de Minas Geraes e S. Paulo, que mais convenientes forem.* Disponível em: < http://www.planalto.gov.br/ccivil_03/decreto/Historicos/DPL/DPL641.htm> Acesso em 02 set 2016.

BRASIL. *Lei Geral nº 101, de 31 de outubro de 1835. Autorisa o Governo a conceder a uma ou mais Companhias, que fizerem uma estrada de ferro da Capital do Imperio para as de Minas Geraes, Rio Grande do Sul, e Bahia, o privilegio exclusivo por espaço de 40 annos para o uso de carros para transporte de generos e passageiros, sob as condições que se estabelecem.* Disponível em: < http://www2.camara.leg.br/legin/fed/decret/1824-1899/decreto-101-31-outubro-1835-562803-publicacaooriginal-86906-pl.html>

BRASIL. *Lei nº 2.975 de 27 de novembro de 1956. Altera a legislação do impôsto único sôbre combustíveis e lubrificantes líquidos e gasosos, e dá outras providências.* Disponível em:< http://www.planalto.gov.br/ccivil_03/leis/1950-1969/L2975.htm> Acesso em 02 set 2016.

BRASIL. *Lei nº 3.115 de 16 de março de 1957. Determina a transformação das emprêsas ferroviárias da União em sociedades por ações, autoriza a constituição da Rêde Ferroviária S.A., e dá outras providências.* Disponível em:< http://www.planalto.gov.br/ccivil_03/leis/L3115.htm> Acesso em 02 set 2016.

BRASIL. *Lei nº. 4.102, de 20 de julho de 1962. Transforma o Departamento Nacional de Estradas de Ferro em Autarquia; cria o Fundo Nacional de Investimento Ferroviário, e dá outras providências.* Disponível em:< http://www.planalto.gov.br/ccivil_03/leis/1950-1969/L4102.htm> Acesso em 02 set 2016.

BREALEY, R. A.; MYRES, S. C. *Principles of corporate finance*. McGraw-Hill. New York. 1992.

CAIAFFA, M. e N. TYLER. *Projeto de Parada de Ônibus: Acessibilidade para Passageiros*. XI - Congresso Pan-americano de Trânsito e Transporte. 207-220 p. Gramado, Brasil. 2000.

CARR, S. *Public space*. Cambridge University Press (Cambridge series in environment and behavior) Cambridge [England]; New York, NY, USA. 1992.

CASAROTTO FILHO, N.; KOPITTKE, B.H. *Análise de Investimentos*. 11ª edição. Atlas. São Paulo, 2010.

CNT RENOVAR. *Plano Nacional de Renovação de Frota de Caminhões – Caracterização da Frota de Caminhões*. II Seminário Internacional sobre Reciclagem de Veículos e Renovação de Frota. Confederação Nacional dos Transportes, Brasília, 2012.

CNT. Confederação Nacional dos Transportes. *Plano CNT de transporte e logística 2014*. – Brasília, 2014.

COX, J. C.; ROSS, S. A.; RUBINSTEIN, M. Option pricing: A simplified approach. *Journal of financial Economics*, 7(3), 229-263. 1979.

DIXIT, A. K; PINDYCK, R. S. *Investment Under Uncertainty*. Princeton University Press, New Jersey, 1994.

DNIT. *Anteprojeto de Derrocamento Hidrovia do Tocantins*. Relatório Final. 2013.

DNIT. Departamento Nacional de Infraestrutura de Transportes. *Estudos de Viabilidade Técnica, Econômica e Ambiental*. Publicação da Diretoria de Planejamento e Pesquisa. Brasília, 2008.

DNIT. *Estudo de viabilidade técnica e econômica do derrocamento no trecho de 43 km entre a ilha do Bogéa (km 330) e a cidade de Santa Terezinha do Tauri (km 393) no rio Tocantins – Estado do Pará*. Relatório Final. 2009.

EHRHARDT, M. C; BRIGHAM, E. F. *Administração Financeira: teoria e prática*. 2 reimpressão da 2 Edição Brasileira. Cengage Learning, São Paulo, 2015.

FCA – Ferrovia Centro-Atlântica. *Sobre a FCA – História*. Belo Horizonte: 2016 Disponível em < http://www.fcasa.com.br/sobre-a-fca/historia/>. Acesso em 23 set 2016.

FRUIN, J. J. *Pedestrian planning and design*. Metropolitan Association of Urban Designers and Environmental Planners. 206 p. New York, USA. 1971.

HILÁRIO, R. Caminhos fechados. *Jornal Correio Braziliense*. Caderno - Brasília. 23 de maio de 2002. Brasília, 2002.

IBGE. Instituto Brasileiro de Geografia e Estatística. Disponível em <www.ibge.gov.br>. Acesso em mar 2015.

INSTITUTE OF TRANSPORTATION ENGINEERS. *Design and safety of pedestrian facilities: a recommended practice of the Institute of Transportation Engineers.* 119 p. Washington, DC. USA, 1998.

JACOBS, J. *Morte e Vida de Grandes Cidades.* 1ª ed. Martins Fontes. 509 p. São Paulo, 2000.

JACQUES, M. A. P. *Fundamentos de Estatística e Métodos Quantitativos 1 - Notas de Aula.* Brasília, 2001.

KHISTY, C. J. Evaluation of Pedestrian Facilities: Beyond the Level-of-Service Concept. *Transportation Research Record.* nº 1438, 45-50 p. Washington, USA, 1994.

KOUTSOPOULOS, K. C. Determining Transportation Needs. *Traffic Quartely.* Nº 34, 397- 412p. July 1980.

KURZ, R. A comercialização da alma. *Jornal Folha de São Paulo.* São Paulo, 2001.

LEVY, N. C. *Avaliação de Investimentos sob Incerteza: Um Enfoque Crítico.* Dissertação de Mestrado - Departamento de Engenharia Industrial, Pontifícia Universidade Católica do Rio de Janeiro. Rio de Janeiro, 2009.

LINHARES, P. T. F. S. *Acessibilidade: definições, críticas e possibilidades.* Dissertação de Mestrado. PET/COPPE. Universidade Federal do Rio de Janeiro. Rio de Janeiro, 1989.

MESQUITA, A. M.; MARTINS, R. S. Desafios logísticos às redes de negócios no Brasil: o que podem as parcerias público-privadas (PPPs)? *Revista de Administração Pública,* 42(4), p.735-763. 2008.

MIMAÚT, C. Les travaux du canal Seine-Nord débuteront en 2017. Franceinfo. Disponível em: <http://www.franceinfo.fr/actu/economie/article/les-travaux-du-canal-seine-nord-debuteront-en-2017-575491>. Acesso em 20 dez 2014.

MINARDI, A. M. A. F. *Teoria de Opções Aplicada a Projetos de Investimentos.* Atlas. São Paulo, 2004.

MINISTÉRIO DOS TRANSPORTES (MT), MINISTÉRIO DA DEFESA (MD). *PNLT – Plano Nacional de Logística e Transportes.* MT, Brasília, 2007.

Transportar é Preciso!

MOURA, G.A. *A viabilidade de cooperativas para a renovação da frota autônoma de caminhões*. Dissertação de Mestrado em Transportes, Publicação T.DM – 025 A/2012, Departamento de Engenharia Civil e Ambiental, Faculdade de Tecnologia, Universidade de Brasília, Brasília, DF, 81p. 2012.

NOTÍCIAS E NEGÓCIOS. *ESPECIAL: Ferrovias investem R$ 4,9 bilhões e transportam 1,3% mais em 2012*. Publicado em 03/04/2013. Disponível em <http://noticiasenegocios.com.br/2013/04/especial-ferrovias--investem-r-49-bilhoes-e-transportam-13-mais-em-2012/>. Acesso em 30 set 2016.

PAVARINO FILHO, R. V. *Análise do Espaço de Circulação de Pedestres nos Deslocamentos Complementares a Viagens em Transporte Coletivo*. Dissertação de Mestrado. Engenharia Civil. Universidade de Brasília. Brasília, 1996.

PAVIANI, A. e B. TURKIENICZ. *Urbanização e metropolização: a gestão dos conflitos em Brasília*. In: (Ed.). Coleção Brasília. Editora Universidade de Brasília : Codeplan. Urbanização e metropolização: a gestão dos conflitos em Brasília. 187-207 p. Brasília, 1987.

PEZESHK, V. S. O caminho nosso de cada dia. *Jornal do Crea -DF* Ano III - Nº 19. Palavra do Especialista. Brasília, 2002.

POPPER, R. J. e L. A. HOEL. Mobility Evaluation for Urban Public Transportation. *Transportation Planning and Tecnology*. n º 3. 131-141p. 1976.

PORTER, M. E. Capital disadvantage: America's failing capital investment system. *Harvard business review*, p.70(5), 65-82.1992.

RIGOLON, F. J. Z. *Opções Reais e Análise de Projetos*. Banco Nacional de Desenvolvimento Econômico e Social – BNDES. Texto 36. 1999.

ROCHA, C. H; BRITTO, P. A. P. Marco regulatório do transporte rodoviário interestadual de passageiros e opções reais. *Journal of Transport Literature*. Vol. 6, n. 3, pp. 34-48. 2012.

RONCHI, R. D. C.; MOURA, G.A. e ROCHA, C.H. Mensuração do custo social subjacente à atual frota autônoma de caminhões da agropecuária nacional - um estudo de caso: soja, café e boi em pé. *Journal of Transport Literature*, v. 7, n.2, p. 52-77. 2013.

ROZENFELD, H. *Melhores Práticas – Análise de Viabilidade Econômica*. 2009. Disponível em <http://www.portaldeconhecimentos.org.br/index.php/por/content/view/full/9502>. Acesso em 5 maio 2011.

SAITO, M. B.; TÁVORA JUNIOR, J. L. T.; OLIVEIRA, M. R. G. de. *A teoria das opções reais: uma aplicação a projetos de investimento em inovação tecnológica considerando-se o valor da flexibilidade gerencial*. V Simpósio de Excelência em Gestão e Tecnologia - SEGeT. 2008.

SANTANA, W.A. *Proposta de diretrizes para o planejamento e gestão ambiental do transporte hidroviário no Brasil*. Tese de Doutorado. Escola Politécnica da Universidade de São Paulo. Departamento de Engenharia Naval e Oceânica. São Paulo, 2008.

SANTOS, M. *O espaço do cidadão*. 4ª ed. Ed. Nobel. 141 p. (Coleção espaços) São Paulo, 1998.

Sennett, R. *O Declínio do Homem Público e as tiranias da intimidade*. Ed. Cia das Letras. 447 p. São Paulo, 1988.

SMALL, K. A. *Urban transportation economics*. Harwood Academic Publishers. Xv, 185 p. (Fundamentals of pure and applied economics; v. 51) Chur, Switzerland, 1992.

SOUZA NETO, J. A de; BERGAMINI JUNIOR, L. C; OLIVEIRA, V. I. *Opções Reais: introdução à teoria e à prática*. Qualitymark. Rio de Janeiro, 2008.

SOUZA, A. R. M. F. *Mobilidade Urbana: Estudo de caso da cidade de Salvador - Bahia*. Dissertação de Mestrado. PET/COPPE. Universidade Federal do Rio de Janeiro. Rio de Janeiro, 1990.

TAS Partnership. *Quality Bus Infrastructure a manual and guide*. 1ª ed. Ed. Landor Publishing Ltd. London, England, 2000.

TCRP - Transist Cooperative Research Program. *Guidelines for Enhancing Suburban Mobility Using Public Transportation* nº 19. 81 p. 1995.

TRB - Transportation Research Board. *Highway Capacity Manual*. Washington, D.C. USA, 2000.

TRIGEORIS, L. *Real options: managerial flexibility and strategy in resource allocation*. Cambridge, Mass: The MIT Press. 1996.

TYLER, N. *The Transport Contract.* (Working paper). London, England, 1997.

VALEC. *Valec Engenharia, Construção e Ferrovias S.A.* disponível em: <http://www.valec.gov.br> último acesso: 30 de setembro de 2016.

VASCONCELLOS, E. A. *O que é trânsito.* Ed. Brasiliense. 92 p. (Coleção primeiros passos nº 162) São Paulo, 1992.

VUCHIC, V. R. e G. F. NEWELL. Rapid transit interstation spacings for minimum travel time. *Transportation Science.* 2. n.4 303-339. 1968.

VUCHIC, V. R. Rapid transit interstation spacings for maximum number of passengers. *Transportation Science.* 3. n.3 214-232.1969.

WHITE, P. *Public Transportation: its planning, management and operation.* Ed. Hutchinson. 222 p. (Built Environment series - Transportation Planning) London, England, 1986.

WORLD BANK. *Railway Reform: Toolkit for Improving Rail Sector Performance.* Washington D.C.:2011 Disponível em < http://www.ppiaf.org/sites/ppiaf.org/files/documents/toolkits/railways_toolkit/index.html>. Acesso em 09 set 2016.

WRIGHT, C. L. e INTER-AMERICAN DEVELOPMENT BANK. *Facilitando o transporte para todos.* 1ª ed. Ed. Banco Interamericano de Desenvolvimento. 92 p. Washington, DC. USA, 2001.

YÁZIGI, E. *O Mundo das Calçadas.* Imprensa Oficial do Estado. Ed. Humanitas/USP. 548 p. São Paulo, 2000.

Índice Remissivo e Onomástico

A

Agência Nacional de Aviação Civil (ANAC) 100, 102, 103, 104, 105.
Agência Nacional de Transportes Terrestres (ANTT) 50, 51, 52, 66, 94, 96, 98, 110, 111, 121.
Alemanha 12.
Anápolis 23, 90.
Argentina 51.
Austrália 11, 12, 30, 31, 38, 39, 77, 96.
Avis, Dom Henrique de (1394-1460), o Duque de Viseu, 10.

B

Banco Mundial 50, 795.
Betterment Tax (taxas de melhorias), 80.
Bonaparte, Napoleão (1769-1821) 21.
Brasil 9, 11, 13, 17, 21, 22, 23, 24, 27, 28, 29, 31, 36, 37, 38, 39, 43, 49, 50, 51, 53, 56, 59, 66, 67, 68, 78, 79, 85, 89, 90, 94, 95, 99, 105, 107, 109, 110, 120.

C

Cabral, Pedro Álvares (1467-1520), 30.
Camões, Luís de (1524-1580), 24.
Campos, Roberto (1917-2001), 12.
Canadá 51, 97, 122.
Chile 51, 82.
CIDE-Combustíveis 38.
Cingapura 24.
Cochrane, Thomas (1805-1873), 86.
Companhia Brasileira de Transporte Urbano (CBTU) 88.
Companhia Paulista de Estradas de Ferro 87.
Competição Controlada 100.
Crowding 39.

D

DBFO (Design-Build- Finance-Operate), 51.
Dumont, Alberto Santos (1873-1932) 85, 102, 103.
Dutra, Eurico Gaspar (1883-1974), 44, 50.

E

Escandinávia 21.
Estados Unido 30, 51, 86, 97, 102.
Estrada de Ferro Paraná Oeste S.A. (Ferroeste), 92.
Estudo de Viabilidade Técnica Econômica e Ambiental 60.
Técnica Econômica e Ambiental (EVTEA), 60, 61, 62.

F

Ferrovia Paulista S.A. (Fepasa), 92.
França, 51, 67, 122.

G

Ganho em Valores das Propriedades, 80.
Goulart, João (1918-1976), 47.
Grã-Bretanha, 96.
Gudin, Eugênio (1886-1986), 13, 44.

I

Imposto, 36, 45, 48.
Inglaterra, 30, 51, 86.

J

Joint Development Mechanism, 80, 81.

K

Kubitschek, Juscelino (1902-1976), 45.

L

Lobato, Monteiro (1882-1948), 43.
Logrolling, 14, 84.

M

Magnus, Pompeu – Gnaeus Pompeius (106-48 a. C.), 9.
marketshare, 103.
Mestrius, 9.
México, 51, 82.
Modelo Binomial, 64, 65.
Modelo de Black e Schole,s 64, 71.

N

Ningbo-Zhoushan (China), 24.
Nova Zelândia, 96.

P

Partido dos Trabalhadores (PT), 12.
Pena , Afonso Augusto Moreira (1847-1909) 12, 43.
Pessoa, Fernando (1888-1935), 10, 24.
Plano Nacional de Logística e Transportes, 59, 125.
Plano SALTE, 44, 45.
Plutarchus, Lucius Mestrius (46-120), 9.
Plutarco (46-120), 9, 24.
Porto de Rotterdam, 22, 24.
Programa de Desenvolvimento da Aviação Regional (PDAR), 106.
Programa de Investimentos em Logística (PIL), 51, 60.

R

Rent-seeking, 14, 84.
Roma, 10.

S

Secretaria de Aviação Civil (SAC), 103, 104, 105.

Sicilia, 10
Sousa, Washington Luís Pereira de (1869-1957), 11
Souza, Irineu Evangelista de (1813-1889), 87.
Suécia, 96.

T

Tax Increment Financing (financiamento do incremento), 80.
Taxa Interna de Retorno (TIR), 51, 54, 60, 62, 71.
Teoria das Opções Reais 13, 62, 66, 67, 71, 72.
Teoria de Opções Reais (TOR), 61, 62.
Terminais de Uso Privado (TUP), 62.

Trevithick, Richard (1771-1833), 86.

U

Unbundling open access, 96.

V

Valor Presente Líquido (VPL), 60, 62, 71.
Vargas, Getúlio (1882-1954), 43, 44, 45, 87.

W

Weber, Max (1864-1920), 30.

X

Xangai, 24.

A trajetória pessoal e o vasto conhecimento teórico que acumulou sobre as diferentes vertentes do liberalismo e de outras correntes políticas, bem como os estudos que realizou sobre o pensamento brasileiro e sobre a história pátria, colocam Antonio Paim na posição de ser o estudioso mais qualificado para escrever a presente obra. O livro *História do Liberalismo Brasileiro* é um relato completo do desenvolvimento desta corrente política e econômica em nosso país, desde o século XVIII até o presente. Nesta edição foram publicados, também, um prefácio de Alex Catharino, sobre a biografia intelectual de Antonio Paim, e um posfácio de Marcel van Hattem, no qual se discute a influência do pensamento liberal nos mais recentes acontecimentos políticos do Brasil.

Os objetivos principais do livro *A Bela Anarquia* de Jeffrey Tucker são: 1) chamar a atenção para a realidade que nos cerca, mas que dificilmente nos preocupamos em notar, muito menos de celebrar; 2) exortar a disposição de abraçar este novo mundo como um meio de melhorar nossas vidas independentemente do que as instituições anacrônicas de poder estatal desejem que façamos; 3) elucidar as causas e efeitos que criaram este novo mundo; e 4) estimular mais ainda as boas instituições que criaram esta bela anarquia. Esta obra cobre os usos das mídias sociais, a obsolescência do Estado-nação, o modo como o governo está destruindo o mundo físico, o papel do comércio na salvação da humanidade, as depredações da política monetária dos governos e o mal da guerra, bem como a mentira da segurança nacional e o papel das sociedades privadas como agentes de libertação.

Liberdade, Valores e Mercado são os princípios que orientam a LVM Editora na missão de publicar obras de renomados autores brasileiros e estrangeiros nas áreas de Filosofia, História, Ciências Sociais e Economia. Merecem destaque especial em nosso catálogo os títulos da *Coleção von Mises*, que será composta pelas obras completas, em língua portuguesa, do economista e filósofo austríaco Ludwig von Mises (1881-1973) em edições críticas, acrescidas de apresentações, prefácios e posfácios escritos por grandes especialistas brasileiros e estrangeiros no pensamento misesiano, além de notas de rodapé explicativas redigidas pelo editor. Tratam-se de livros indispensáveis para todos que desejam compreender melhor o pensamento liberal a partir da visão de um de seus maiores expoentes no século XX.

Visando cumprir parte da missão almejada pela LVM Editora de publicar obras de renomados autores brasileiros e estrangeiros nas áreas de Filosofia, História, Ciências Sociais e Economia, a Coleção Protoaustríacos lançará em português inúmeros trabalhos de teólogos, filósofos, historiadores, juristas, cientistas sociais e economista que influenciaram ou anteciparam os ensinamentos da Escola Austríaca Economia, além de estudos contemporâneos acerca dos autores que, entre a Idade Média e o século XIX, ofereceram bases para o pensamento desta e de outras importantes vertente do pensamento liberal.

Acompanhe a LVM Editora nas Redes Sociais

https://www.facebook.com/LVMeditora/

https://www.instagram.com/lvmeditora/

Esta obra foi composta por João Marcelo Ribeiro Soares
em News Gothic Std e Mrs Eaves XL Serif Nar OT
e impressa pela Rettec para a LVM em maio de 2019.